EL LIBRO DE LAS POSIBILIDADES

Albert Liebermann

El libro de las posibilidades

75 caminos fuera de la inercia para cambiar tu vida

URANO
Argentina – Chile – Colombia – España
Estados Unidos – México – Perú – Uruguay – Venezuela

síganos en **www.mundourano.com**
y **facebook**/mundourano

*Capture este
código y acceda
a otros
contenidos...*

1.ª edición Octubre 2011

© 2011 *by* Albert Liebermann
© 2011 *by* Ediciones Urano, S.A.
Aribau, 142, pral. – 08036 Barcelona
www.mundourano.com
www.edicionesurano.com

ISBN: 978-84-7953-776-0
E-ISBN: 978-84-9944-133-7
Depósito legal: NA.-2585-2011

Fotocomposición: Angela Bailen
Impreso por Rodesa, S.A. – Polígono Industrial San Miguel - Parcelas E7-E8 –
31132 Villatuerta (Navarra)

Impreso en España – *Printed in Spain*

Índice

Prólogo: El guía de Shackleton 9
Un libro en la tumbona 13
El arte de la fricción 15
Una humilde carta 17
El viaje de Buda 19
¡Ni hablar! 21
El negocio de una idealista 25
¿*Sprint* o maratón? 27
El hombre que hacía amigos 29
Sé como el agua 31
Dos terceras partes del camino 37
Made in IKEA 39
La ley de la atracción 41
El cuento del zapatero 43
Dar con el nicho 45
Puede que los días oscurezcan... 47
La estrategia de Bill 51
¿Te sientes atascado? 53
Un camino propio 55
El cultivo malogrado 57
El test de Ogilvy 59
Preguntas de Pascua 63
Tesoros del aburrimiento 65
Autoprofecías 67
Cuento de la moneda y el destino 69
El policía que entró en la pantalla 71
Los ratones y el queso 73
Milagros colectivos 77
La alquimia de los sueños 79
¡Que no pare la música! 81
El premio de la dinamita 83
Revisar los hábitos 87
Una vida de Disney 89
No te quejes, actúa 93

Cuento del rey, el cirujano y el sufí 95
El hombre de las posibilidades 99
Lecciones del caos 101
Cuando la suerte llama a la puerta 103
El farmacéutico y la Coca-Cola 105
Miedo *versus* posibilidades 107
Dos pegas millonarias 111
Cambiar lentamente 113
Posibilidades compartidas 115
Una mujer indomable 117
Curiosidad ante todo 121
La joya sin precio 123
El sueño de Murakami 125
La fiesta de Youtube 127
La importancia de arriesgarse 129
Posibilidades cuánticas 131
Los 7 hábitos 135
El pilar de la actitud 137
Brainstormings afortunados 139
El dios de las seis caras 141
De oficio, visionario 143
Serendipias 145
Los principios de Jefferson 147
Cuento del pescador y las piedras 151
¿Diga? 153
Sombreros para pensar 155
Las cuatro vías del apache 157
Vivir sólo un día a la vez 159
Soñar nuevas posibilidades 161
¿Qué es un cisne negro? 165
Cuento del ganso y las dudas 167
Unir los puntos 169
El secreto del té ahumado 171
Desechar los errores 173
Coco Chanel 175
La invención del sándwich 177
Una oportunidad de cine 181
Pasado y hundido 183
Amazon.com 185
Tempus fugit 187
El método Leonardo 189
Principio 191

Prólogo: El guía de Shackleton

Iniciaremos este libro sobre lo posible con la historia de un hombre que se atrevió a desafiar lo imposible. No importa lo adversa o complicada que sea una situación. La historia de la humanidad está repleta de ejemplos de personas que han emergido de las profundidades de la desesperación o que han conseguido realizar hazañas más allá de lo imaginable. *El libro de las posibilidades* nos permitirá conocer algunas de ellas, con el fin de que nos guíen e inspiren con su ejemplo.

En este prólogo recordaremos la gesta del *Endurance*, un barco que quedó atrapado en la Antártida en 1914. Tras ser destrozado por los bloques de hielo que lo aprisionaban, la tripulación emprendió una travesía épica en trineo por el helado mar de Weddell bajo condiciones extremas. Prosiguieron el viaje en bote hasta la desolada isla Elefante, donde todo apuntaba a que estarían condenados a sucumbir.

El capitán de la expedición, Shackleton, decidió reconstruir un minúsculo bote y, en compañía de cinco hombres, salieron remando en busca de ayuda a través del temible paso Drake. Nunca una embarcación tan pequeña había logrado semejante gesta, pero los del *Endurance* no perdieron la esperanza y llegaron contra todo pronóstico a la isla San Pedro.

Allí no terminaron los desafíos, ya que tuvieron que atravesar bajo un clima glacial la escarpada cordillera que atravesaba la isla. ¡Un territorio helado que jamás había sido cartografiado! Los seis caminaron sin descanso durante 36 horas, hasta el límite de la extenuación, para salvar sus vidas y las de los 22 compañeros que habían quedado varados en isla Elefante.

En uno de los muchos lances insólitos de aquella expedición, al encontrarse frente a una pendiente mortal que no podían superar, los seis hombres se abrazaron para formar una bola humana y se arrojaron cuesta abajo.

A lo largo de esta marcha sobrehumana, Shackleton escribió en su diario que, cuando estaban a punto de dejarse morir, sintieron que un desconocido les acompañaba y les mostraba el camino. Esta experiencia impresionó al poeta T. S. Eliot, que escribió los siguientes versos: «*Si miro hacia delante por el blanco camino / Siempre hay otro que camina junto a ti*».

Esta presencia que les llevó hacia la salvación puede entenderse de muchas maneras. Para un creyente sería Dios, de quien siente que nunca lo abandona en los momentos de dificultad. Para un agnóstico puede ser la fe en las propias posibilidades que, en forma de alucinación, guió a los hombres de Shackleton a través del hielo.

Antes de extraer conclusiones, veamos cómo terminó la aventura. Los seis héroes consiguieron, tras una odisea de 1.300 kilómetros, llegar al puerto ballenero de Stromness. Desde allí pidieron ayuda a la armada chilena, que en pleno invierno antártico logró rescatar con vida a los 22 hombres de isla Elefante.

Se habían salvado todos.

Contra todo pronóstico, la tenacidad del capitán y la fe de sus hombres vencieron todos los imposibles. Habían aprendido la lección de Marco Aurelio, que en sus *Meditaciones* asegura: «Aunque tus fuerzas parezcan insuficientes para la tarea que tienes ante ti, no asumas que está fuera del alcance de los poderes humanos. Si algo está dentro de los poderes de la provincia del hombre, créelo: también está dentro de tus posibilidades».

Estimado lector, no voy a pedirle que atraviese mares árticos embravecidos en un bote que hace aguas, ni que se deje caer al vacío para rodar pendiente abajo, pero me gustaría que medite hoy sobre estos seis hombres y su guía invisible. Ellos cambiaron el pensamiento trágico —no se dejaron morir— por la épica del pensamiento mágico. Cambiaron las limitaciones por las posibilidades.

Si ellos fueron capaces de superar todas aquellas dificultades, ningún problema que usted tenga es irresoluble. Ningún sueño es irrealizable. Es una cuestión de coraje y de dejarse guiar por su fe incombustible.

Si ellos pudieron, usted también puede.

«*Las limitaciones sólo existen en nuestra mente.*
Si usamos la imaginación,
nuestras posibilidades se vuelven ilimitadas.»

Jamie Paolinetti
(ciclista estadounidense)

Un libro en la tumbona

Nunca sabemos qué es lo que puede cambiar nuestra vida: un simple gesto, una llamada o un objeto olvidado en el lugar más recóndito pueden encerrar una enorme oportunidad. Un ejemplo de ello es el novelista superventas Dan Brown, que empezó su carrera estudiando música y arte en distintas academias y facultades. Tras graduarse grabó su primer disco, *Perspective*, y en 1991 se trasladó a Hollywood con la intención de ser pianista, pero allí se ganó la vida como profesor de inglés y español en un colegio de Beverly Hills. Decepcionado, regresó a su hogar, en New Hampshire, donde continuó dando clases y grabó en 1992 su segundo disco, *Dan Brown*, y en 1994 *Angels & Demons*, título que utilizaría para una de sus novelas más célebres, *Ángeles y demonios*.

No fue hasta un viaje que hizo a Tahití con su mujer, una pintora e historiadora del arte quince años mayor que él, que su vida dio un giro de 180°. En una tumbona encontró olvidada una novela de Sidney Sheldon: *The Doomsday Conspiracy*. Por algún motivo la leyó sin tregua y, al terminarla, comprendió que lo que deseaba hacer era escribir.

Cuando regresó a casa, empezó con su primera novela, un *techno thriller* que tituló *La fortaleza digital*. Esta obra no le granjeó grandes críticas, pero tuvo cierto éxito comercial y le abrió las puertas del mundo editorial. Su siguiente publicación fue en el año 2000 con *Ángeles y demonios*, donde apareció por primera vez su famoso personaje Robert Langdom.

Tras esta novela publicaría *La conspiración*, pero la obra que lo lanzó a la fama fue *El Código Da Vinci*, con el emblemático investigador nuevamente entre sus páginas.

Nada de esto habría sucedido si Dan no hubiera tomado de la tumbona aquella novela que no era suya.

1ª Ley de las posibilidades

Hay que tener los ojos bien abiertos,
porque nunca se sabe dónde se esconde
una oportunidad.

El arte de la fricción

Un proverbio chino dice que «una gema no puede ser pulida sin fricción, al igual que el hombre no puede perfeccionarse sin juicio». En el camino de la vida nos encontraremos con pruebas duras, nos equivocaremos y fracasaremos, pero eso no debe detenernos.

Otro proverbio dice: «Si te caes siete veces, levántate ocho». Cada caída es una lección que necesitábamos aprender, a la vez que nos permite cambiar de punto de vista. A menudo un accidente, una larga enfermedad o un negocio ruinoso han sido el detonante que ha abierto brecha en el muro de la normalidad para llegar a lo extraordinario.

Richard Branson empezó a ganar dinero con su discográfica Virgin, como veremos en uno de los capítulos, después de fracasar con varios negocios que eran ideas disparatadas, pero que probablemente le ayudaron a entender las leyes del mercado para construir lo que hoy es un imperio.

2ª Ley de las posibilidades

El primer éxito nos aguarda
después del último fracaso.

Una humilde carta

Donde no existan las oportunidades, habrá que crearlas. Esto debía de pensar David Mackenzie Ogilvy, considerado el mejor publicista de todos los tiempos, a tenor de lo singular que fue su entrada en el difícil mundillo de los creativos.

Nacido en Inglaterra, David emigró a Estados Unidos en 1938. Tras estudiar cocina, fue aprendiz en un restaurante durante un año y después vendió estufas «a puerta fría». Era tan buen vendedor que sus superiores le pidieron que escribiera un manual, el cual leyeron los editores de la revista *Fortune* y lo calificaron como el mejor manual nunca escrito.

Ogilvy era un explorador nato y camaleón de oficios y ocupaciones diversas. Durante la Segunda Guerra Mundial trabajó para el Servicio de Inteligencia, y tras este episodio vivió unos años con los *amish* como granjero.

Cuando se le metió entre ceja y ceja que tenía que ser publicista, escribió la siguiente carta a los que serían sus futuros socios:

«Hombre de 38 años de edad, sin trabajo. Sin estudios universitarios. Experiencia como cocinero, vendedor, diplomático y agricultor. No posee conocimientos de mercadotecnia y nunca ha escrito un texto. Interesado en la publicidad. Disponibilidad inmediata por 5.000 dólares anuales».

Esta humilde misiva surtió efecto. Pocos años después su agencia subía como la espuma a la vez que daba con nuevos códigos

de venta. Su lema empresarial era: «Sólo si piensas en grande, conseguirás grandes clientes».
Ciertamente lo consiguió.

3ª Ley de las posibilidades

Que sea improbable
no significa que sea imposible.

El viaje de Buda

De la era moderna pasamos a la antigua India. Un caso ejemplar de cambio de rumbo es el de Siddhartha Gautama, más conocido como Buda.

Siddhartha, un príncipe nacido en el noble clan de los shakias a los pies del Himalaya, había crecido en un ambiente de lujos y belleza, alejado de todo sufrimiento. Sin embargo, al cumplir los 29 años sentía tantos deseos de saber cómo era el mundo al otro lado de los muros de palacio, que pidió a su padre permiso para salir.

A pesar de que el rey tomó medidas para que no le ofendiera la realidad exterior, no pasaron desapercibidos a los ojos del príncipe el hambre, la enfermedad o la vejez, llegando incluso a presenciar la muerte que su padre le había ocultado.

Después de conocer todo aquello, no pudo regresar a su anterior vida, porque había comprendido que tanto él como todos a los que conocía pasarían por ese mismo dolor. ¿Dónde estaba la liberación?

Al cruzarse con unos monjes, decidió que ése era su camino; se afeitó la cabeza y dejó el palacio y todas sus riquezas. Se marchó sin nada. Tuvo que aprender duramente que todos los extremos son malos, que la liberación no se encuentra en la extrema pobreza ni en el extremo lujo. También entendió durante su viaje que toda sabiduría externa es finita y que debía buscar el conocimiento dentro de sí mismo.

Un día se sentó bajo un árbol y decidió meditar allí hasta hallar las respuestas que anhelaba. Tras largas horas encontró la iluminación —despertó a la verdad— y alcanzó el nirvana.

Siddhartha necesitó hacer un largo viaje lleno de penurias para acabar encontrando en su interior lo que buscaba.

4ª Ley de las posibilidades

Algunas oportunidades están tan cerca
que no somos capaces de verlas.

¡Ni hablar!

Nunca hay que desanimarse cuando una idea sea rechazada o incluso ridiculizada, ya que grandes avances de nuestra era obtuvieron esas mismas reacciones.

Aunque parezca sorprendente, cuando se desarrolló la tecnología para que el cine dejara de ser mudo, un ejecutivo de la Warner Bross dijo: «Pero ¿quién diablos querrá oír hablar a los actores en el cine?»

No era el único que pensaba de ese modo. La inmensa mayoría de productores, directores y críticos del séptimo arte desconfiaban de las películas sonoras. Pensaban que el cine mudo era un lenguaje universal, aunque gracias a *El cantante de jazz* muchos se dieron cuenta de que el cambio era inevitable.

Japón, que había sido junto con Estados Unidos uno de los grandes productores de cine durante los años veinte y treinta, se quedó rezagado a causa de su reticencia hacia el nuevo medio y le costó adaptarse al cambio.

Cuando se empezaron a estrenar películas sonoras con regularidad, el público no tardó en preguntarse cómo habían podido vivir hasta entonces sin escuchar las voces de los actores.

Siempre sucede lo mismo: todo parece imposible hasta que alguien lo hace realidad.

5ª Ley de las posibilidades

Cualquier innovación debe superar al principio
el muro del rechazo.

«Formular nuevas preguntas,
descubrir nuevas posibilidades,
abordar los viejos problemas
desde un nuevo ángulo...
requiere imaginación creativa;
de ella surgen los verdaderos avances
de la ciencia.»

ALBERT EINSTEIN
(físico alemán)

El negocio de una idealista

La creadora de The Body Shop, Anita Perella Roddick, nació en el seno de una familia modesta de emigrantes italianos y estudió para ser maestra, aunque acabó viajando por el mundo al obtener un trabajo en las Naciones Unidas. En uno de sus viajes conoció a Gordon Roddick, quien se convertiría en su marido. Tendría dos hijas con él, abriría un restaurante y un hotel. Sin embargo, en lo más profundo de su ser, Anita sabía que aquél no era su camino. Otras posibilidades se agitaban en su interior a la espera de ser descubiertas.

En 1976 Gordon emprendió un largo viaje por Latinoamérica y Anita se vio con la obligación de mantener ella sola a la familia. Fue así como inició la primera cadena de cosméticos que eran respetuosos con el entorno y no experimentaban con animales: había nacido The Body Shop con su primera tienda en Littlehampton.

Y, en un principio, el negocio no era nada prometedor. Su primera localización, justo en medio de dos funerarias, no parecía la ideal. Sin embargo, eso no pareció importar a los clientes, ya que los ingresos de la tienda aumentaron de tal manera que rápidamente pudo abrir un segundo establecimiento.

En el 2007 The Body Shop ya contaba con 2.100 tiendas en 55 países distintos, y con una oferta de 1.200 productos para elegir. Su secreto: ver la oportunidad donde nadie se había atrevido a internarse. En sus propias palabras, «para triunfar debes creer en algo con tanta pasión que se acabe convirtiendo en realidad».

6ª Ley de las posibilidades

Ser el primero en hacer algo
supone ya el 50 % del éxito.

¿*Sprint* o maratón?

Jim Rohn, uno de los pioneros del *coaching*, dijo en una ocasión que «la motivación es la que nos hace empezar y los hábitos son los que nos mantienen en pie». Con ello apuntaba a la emoción que nos embarga cuando iniciamos algún proyecto vital de mayor o menor calado, como por ejemplo:

- Una nueva formación para mejorar nuestras oportunidades laborales.
- La práctica regular de un deporte.
- Estudiar un idioma extranjero.
- Una dieta para recuperar nuestro peso ideal.
- Escribir un libro de memorias o incluso una novela.

Estos proyectos que emprendemos, sobre todo al regresar de vacaciones y con el inicio del año, sólo dejarán de ser un bluf si los sustentamos con unos nuevos hábitos que nos permitan mantenerlos.

Es necesaria una mentalidad casi militar para estudiar cuando lo que nos apetece es tumbarnos frente al televisor, salir a correr cuando el día es frío e invita a quedarse en casa, o bien abordar una nueva página de nuestro libro después de un largo día de embrollos en el trabajo.

Sin embargo, ésta es la diferencia fundamental entre el *sprinter*, que sólo alcanza aquello que está delante de sus narices, y el corredor de maratón, que es capaz de seguir avanzando aunque no pueda ver la meta.

Y ahora le pregunto, estimado lector, ¿cuál es su mentalidad para aquello que se ha propuesto hacer?

7ª Ley de las posibilidades

El éxito pertenece a los corredores de fondo
cuando la meta es lejana.

El hombre que hacía amigos

Buena parte del éxito en aquello que nos propongamos depende de nuestra capacidad de seducción hacia el entorno. Las personas que saben comunicarse y escuchar a los demás encuentran mucha más ayuda y oportunidades que aquellas que se encierran en el caparazón, a la espera de que el mundo venga en su busca.

Sociabilizar es todo un arte al que Dale Carnegie, el autor de *Cómo ganar amigos e influir sobre las personas*, dedicó su trayectoria profesional después de una vida llena de mutaciones camaleónicas.

Su vida encarna el modelo del *self-made man* estadounidense. Nacido en una humilde granja de Missouri en 1888, pasó su infancia trabajando en el campo. Estudió para ser maestro de escuela pero, después de la universidad, se dedicó a ofrecer cursos por correspondencia a los rancheros.

Tras descubrir que poseía un don comercial fuera de lo común, se dedicó a vender para la empresa Armour & Company tocino, jabón y manteca hasta convertir su zona en líder nacional en ventas.

Con la máxima «Háblale a alguien sobre sí mismo y te escuchará durante horas», su método incide en la importancia de no criticar o cuestionar a nuestro interlocutor, ya que de este modo sólo conseguiremos que se justifique y albergue resentimiento hacia nosotros. La clave, según Carnegie, es dejar de juzgar y abrir nuestros oídos a sus motivaciones.

En sus propias palabras: «Hará usted más amigos en dos meses si se interesa por la gente, que en dos años si intenta que esa misma gente se interese por usted».

El buen humor es otro ingrediente básico para la popularidad que llama a las oportunidades. Las personas negativas que siempre se están quejando son, en esencia, egocéntricas, ya que no respetan el estado de ánimo de su interlocutor e incluso lo contaminan con su actitud.

En cambio, las que transmiten optimismo y se ríen de sus propios problemas generan un campo magnético de simpatía que les abre puertas.

Dale Carnegie aconsejaba con estas palabras no dar importancia a los problemas cotidianos: «Recuerda que hoy es el mañana por el que ayer te preocupabas».

8ª Ley de las posibilidades

Cada nuevo amigo es una puerta abierta
a nuevas oportunidades.

Sé como el agua

Nadie auguraba un futuro estelar para Lee Jun Fan, a quien la enfermera Maria Glover dio el nombre de Bruce al nacer en Estados Unidos. Su familia se trasladó a Hong Kong siendo él un niño. Muy dado a involucrarse en peleas, en la ciudad que entonces era colonia británica estudió kung-fu cantonés con el maestro Yip Man.

A la edad de 18 años sus padres lo enviaron de nuevo a Estados Unidos, donde estudió la carrera de filosofía en la Universidad de Washington mientras trabajaba en un restaurante chino.

Una productora cinematográfica se fijó en el joven Bruce y le ofreció el papel protagonista en la serie *Kung Fu*, pero más tarde lo sustituyeron por David Carradine.

Decepcionado, al regresar a Hong Kong para visitar a su familia tuvo en su mano una segunda oportunidad en el mundo del cine. El productor Raymond Chow le ofreció la posibilidad de participar en un proyecto titulado *The Big Boss* que resultó ser todo un éxito y lo catapultó a la fama.

Fuera de su carrera cinematográfica, Bruce era un filósofo del cuerpo y de la mente que anotaba diariamente en su agenda sus entrenamientos para compararlos, porque cada día debía mejorar. Consideraba que el kung-fu tradicional era limitado, ya que imponía posiciones fijas que coartaban la espontaneidad.

El «pequeño dragón» era un maestro de las posibilidades, así que creó a partir de ellas su propio estilo, con características de la esgrima, el boxeo y la lucha grecorromana.

Cuando se acercaba al final de su vida, cosa que sucedió siendo aún joven, Bruce Lee trasladó ese mismo espíritu a su pensamiento. Consideraba que, al igual que sucede con el arte marcial tradicional, cada persona está limitada por sus prejuicios, y eso es lo que le cierra puertas.

Para aumentar nuestro campo de posibilidades, debemos olvidar las formas y buscar la flexibilidad física y mental, adaptarnos al cambio. Los verdaderos obstáculos están en nuestro interior.

En uno de sus discursos más célebres, dijo: «Yo no represento un estilo sino todos los estilos. Ustedes no saben lo que yo estoy a punto de hacer, pero yo tampoco lo sé. Mi movimiento es el resultado del vuestro y mi técnica es el resultado de vuestra técnica».

Su filosofía estaba muy influida por el taoísmo y por las ideas del pensador indio Jiddu Krishnamurti.

Durante un entrenamiento, Bruce se lesionó gravemente la espalda y tuvo que pasar seis meses inmovilizado. Fue entonces cuando escribió las notas que después compondrían su libro *El Tao del Jeet Kune Do*. A pesar de que le dijeron que no podría volver a caminar, la voluntad de Bruce fue más fuerte, y no sólo se levantó, sino que continuó con sus entrenamientos y películas, hasta el día de su muerte en extrañas circunstancias.

En la memoria colectiva queda una impactante entrevista que se utilizó, en un fragmento memorable, para un *spot* de BMW:

«No te establezcas en una forma, adáptala y construye la tuya propia, y déjala crecer, sé como el agua. Vacía tu mente, sé amorfo, moldeable, como el agua. Si pones agua en una taza se convierte en la taza. Si pones agua en una botella se convierte en la botella. Si la pones en una tetera se convierte en la tetera. El agua puede fluir o puede chocar. Sé agua, amigo mío.»

9ª Ley de las posibilidades

Cuando ya no actuamos desde el prejuicio,
desde lo establecido, nuestras opciones se multiplican.

*«Deja de pensar en clave de limitaciones
y empieza a pensar en clave de posibilidades.»*

TERRY JOSEPHSON
(motivador estadounidense)

Dos terceras partes del camino

En una entrevista concedida a la revista *Squire*, el ex presidente George Bush padre respondía así sobre el secreto para que una pareja se mantenga unida: «Si cada uno está dispuesto a recorrer dos terceras partes del camino, seguro que se acaban encontrando».

Con esta imagen tan gráfica estaba dando una receta que no sólo es válida para el amor, sino también para afrontar cualquier conflicto interpersonal. A menudo vemos imposible resolver un problema porque sólo estamos dispuestos a recorrer una breve parte del camino. Hacemos un pequeño gesto y, si no obtenemos respuesta, nos reafirmamos en la idea que ha provocado la separación.

Algunos incluso llegan hasta la mitad exacta del camino y, como no encuentran a nadie, se vuelven por donde han venido.

R. L. Stevenson hacía hablar así a su personaje Mr. Jeckyll: «Quiéreme cuando menos lo merezca, porque será cuando más lo necesite». Básicamente a eso se refería el político que ha pasado a la historia por sus iniciativas bélicas, pero que conocía la receta para el amor duradero.

10ª Ley de las posibilidades

Las soluciones no vendrán a ti,
tienes que salir a buscarlas.

Made in IKEA

Si nos fijamos en las vidas de los empresarios que han triunfado en las últimas décadas, descubriremos que su capacidad de adaptación ha sido un pilar esencial. El origen del imperio IKEA es un buen ejemplo de ello. Su fundador, Ingvar Kamprad, inició en 1943 un modesto negocio de venta de artículos por correo. Al principio se dedicó a ofrecer productos de uso cotidiano y a precios muy accesibles, como bolígrafos, marcos, medias o relojes. Pero poco a poco se introdujo en el mundo de los muebles y así nació la empresa que en la actualidad está presente en millones de hogares.

Cuando abandonó el resto de productos para especializarse en el mobiliario doméstico, utilizaba para el reparto su viejo coche. Al darse cuenta de que no podía transportarlos adecuadamente, apostó por los muebles desmontables, aunque en realidad fue fruto de un afortunado accidente: un día en un desplazamiento se quedó con las patas de una mesa en las manos.

Una persona estrecha de miras habría maldecido el percance, sin embargo este accidente fue lo que permitió a Ingvar ver la luz: desmontar los muebles facilita su transporte y, por lo tanto, abarata su coste.

El descubrimiento de esta posibilidad dio origen al concepto IKEA, que no tardó en ganar mercado en su Suecia natal.

Sus competidores, alarmados por los bajos precios y por su catálogo, lograron cerrarle las puertas a las principales ferias del mueble. Otra imposibilidad convertida en fértil posibilidad, ya que a raíz de ello Kamprad decidió ampliar el negocio a otros países hasta convertirse, hoy en día, en uno de los hombres más ricos del mundo.

11ª Ley de las posibilidades

Toda imposibilidad esconde nuevas posibilidades.

La ley de la atracción

En su best seller *El secreto*, Rhonda Byrne popularizó la llamada ley de la atracción, que en esencia dice: si creemos con firmeza que aquello que más deseamos es posible —más que posible: real—, lo deseado se manifestará ante nosotros.

Muchos lectores, sin embargo, se quedan con la parte teórica de este planteamiento e interpretan equivocadamente que basta con pensar en la prosperidad para que ella venga a nosotros.

Error.

Para que opere, la ley de la atracción debe ser un proceso alquímico completo. No sólo deben cambiar nuestras expectativas, sino también nuestra manera de enfocar la realidad e interactuar con ella. Dicho de otro modo: la creencia positiva debe traducirse en nuevos hábitos que nos conduzcan hacia los objetivos que deseamos alcanzar.

12ª Ley de las posibilidades

No es el deseo lo que genera las oportunidades sino lo que hacemos para que se haga realidad.

El cuento del zapatero

Esta historia tradicional que se cuenta en Polonia a los niños nos habla de la posibilidad más bella que puede albergar un corazón humano: ayudar al prójimo, aunque en apariencia no nos pueda devolver el favor.

Es una fábula infantil que ejemplifica la ley del karma: aquello que hacemos por los demás acaba revirtiendo, de uno u otro modo, en nuestro propio bienestar.

Un joven zapatero salió de su aldea. Por el camino encontró unas hormigas, que estaban muy tristes porque un oso les había destruido su hormiguero. El zapatero las ayudó a reconstruirlo y las hormigas se ofrecieron a devolverle el favor, cosa que hizo sonreír al chico. ¿Qué podían hacer por él unas humildes hormigas?

El joven siguió su camino y encontró unas abejas con el mismo problema que las hormigas. También las ayudó, y las abejas le prometieron ayudarlo en el futuro. También eso le hizo sonreír.

Más adelante, llegó a oídos del zapatero que la hija del rey había caído presa en el castillo de una bruja. El joven tomó la determinación de rescatarla, pero la bruja lo encerró en un apestoso calabozo donde había un saco de arena mezclada con semillas de amapola. Le dijo que si no conseguía separar ambas cosas, le cortaría la cabeza al amanecer.

El joven pensó en su muerte, pero llegaron sus amigas las hormigas y lo ayudaron a superar la prueba. La bruja quedó asombrada de que lo hubiera logrado. Entonces lo llevó a una habitación donde había trece doncellas con el rostro cubierto:

el zapatero tenía que descubrir quién era la princesa. El joven se desanimó, pero vio a una abeja que se posó sobre... la más dulce, la verdadera princesa. Cuando el zapatero le descubrió el rostro, la bruja se convirtió en un cuervo. Los jóvenes se enamoraron y vivieron rodeados de animales y amapolas.

13ª Ley de las posibilidades

Todo lo que hacemos por los demás,
bueno o malo, nos es devuelto con el mismo signo.

Dar con el nicho

En lenguaje empresarial, se habla de «nicho» cuando alguien encuentra una posibilidad de negocio que nadie había explorado hasta el momento. En lugar de imitar lo que hacen otros —siempre con resultados inferiores— se trata de crear un nuevo mercado para algo que antes no existía.

Vamos a estudiar un caso poco conocido, pero que ilustra muy bien este asunto. Jonathan Rojewski, un financiero que había escalado posiciones hasta ser gestor de fondos en la bolsa de Wall Street, lo dejó todo para crear su propia empresa de tequila.

¡Glups! ¿Tequila, dice?

Ajá. Rojewsky había estudiado cocina en su juventud, pero por necesidades económicas se volcó en las inversiones, aunque sabía que ésa no era su pasión. Al observar la cultura coctelera de Nueva York vio que había un hueco para él: nadie había intentado crear tequilas de sabores.

Así fue como Rojewski renunció a Wall Street y creó la marca Tanteo, el primer tequila que sabía a jalapeño, a chocolate o a extractos de fruta. Tras hablar directamente con las coctelerías de Nueva York, no puede decirse que este hombre se haya hecho rico, pero 150 locales ya ofrecen sus productos y el negocio sigue creciendo.

14ª Ley de las posibilidades

Sólo se llega a lo posible
tras intentar lo imposible.

Puede que los días oscurezcan...

La magia de las posibilidades es especialmente útil cuando vivimos un mal momento. Cuando parece que la fatalidad nos persigue, como a Shackleton y sus hombres, debemos decirnos «esto también pasará» y valorar nuevos caminos que nos saquen del atolladero. Sobre este tema, una lectora de mis anteriores libros me mandó al correo una reflexión tan profunda y conmovedora, que he querido reproducirla en estas páginas:

«Puede que los días oscurezcan demasiado temprano. A veces las nubes son tan negras que los rayos del sol no son suficientes para iluminar una sonrisa. A veces las tinieblas son tan profundas que nuestros ojos no pueden percibir el final del túnel donde se esconden todos y cada uno de los buenos momentos...

»Puede que el tiempo pase demasiado deprisa. A veces el sol comienza a nacer cuando las primeras luces aún perezosas no encuentran fuerzas suficientes para amanecer. Al llegar la noche, a veces la oscuridad nos abandona dentro de la oscuridad y no somos capaces de recordar los buenos momentos del pasado ni los sueños del futuro.

»Y es que el tiempo pasa demasiado deprisa... y la vida sucede sin pausa, acelerada.

»Puede que los días oscurezcan, y que los obstáculos que el destino pone en nuestra senda nos parezcan piedras gigantescas difíciles de esquivar. Pero si sabemos esperar, si confiamos en nosotros mismos y nos agarramos a los buenos recuerdos, si sabemos leer las sonrisas en los rostros de los demás, entonces todo cambia. Ya no hay días grises, ni crepúsculos eternos, sino abrazos que deshielan el frío, y un cosquilleo de libertad en nuestra alma, que se siente capaz de escribir su propio camino...

»Puede que los días oscurezcan, pero debemos seguir caminando, viviendo, amando. Aprender a decir "te quiero" a las personas que nos importan, acallar el dolor que nos consume y rescatar los buenos momentos que nos recuerdan que hay vida ahí fuera...

»La felicidad del presente es la esperanza que nos guía en el futuro, por eso lucho cada día para que en mi cabecita sólo haya hueco para los momentos maravillosos. Luchemos por coleccionar segundos llenos de magia, y convirtámoslos en minutos que permanezcan intactos e imperecederos.

»Así lograremos sonreír, aunque los días pretendan ser crepúsculos y las noches se disfracen de anocheceres inmortales, sin luna y sin estrellas.

»Puede que los días oscurezcan, pero una luz brilla en nuestro interior y nos ayuda a encontrar el camino que lleva al sol.»

Rebeca Bañuelos Ortiz

15ª Ley de las posibilidades

Las posibilidades son puentes
entre las calamidades y las oportunidades.

«Un verdadero amigo conoce tus debilidades,
pero te muestra tus fortalezas;
siente tus miedos,
pero alimenta tu esperanza;
ve tus limitaciones,
pero pone énfasis en tus posibilidades.»

WILLIAM ARTHUR WARD
(escritor y editor estadounidense)

La estrategia de Bill

Antes hemos hablado de «encontrar el nicho» con el ejemplo de un pequeño empresario. Ahora veremos cómo ese hueco puede llegar a convertirse en un éxito mundial.

El empresario y filántropo Bill Gates no es un gran inventor, pero sí ha sido capaz de ver las posibilidades que pasaban por alto sus competidores. Se fijaba en los huecos en el mercado que los demás dejan accesibles.

Eso es lo que ocurrió cuando abandonó Harvard para fundar su propia empresa, Microsoft. Había oído hablar del éxito de Apple y de la necesidad que tenían ésta e IBM de un sistema operativo. Así fue como empezó a diseñar lo que acabaría siendo el programa Windows.

Gates lo tenía todo pensado: cuando tuvo listo el MSDOS —el precursor de Windows— no vendió los derechos a cambio de una cifra astronómica, sino que IBM se comprometió a pagar un canon por cada ordenador vendido con el programa.

En aquel tiempo las empresas de informática se preocupaban sólo de fabricar ordenadores más rápidos y potentes cada vez, lo que requería una enorme inversión. Cuando preguntaron a Bill qué pensaba de un nuevo ordenador que IBM había lanzado, se limitó a contestar: «IBM tiene un producto, pero nosotros tenemos una estrategia».

Nadie se había preocupado por el software ni por estudiar el resto del mercado. Bill Gates se salió del camino trillado, y en eso consistió su éxito.

16ª Ley de las posibilidades

Lo que hacen todos los demás
deja de ser una oportunidad.

¿Te sientes atascado?

En su artículo *100 maneras de cambiar tu vida*, Nora Dunn asegura que para revolucionar nuestra existencia sólo es necesario disponer de 20 minutos y una hoja en blanco. Hay que concederse ese tiempo y escribir una lista de las cosas que nos gustaría hacer, no importa de qué se trate (estudios, personas, viajes...). No debemos ponernos ningún límite en ese ejercicio, se trata sólo de plasmar por escrito aquello que deseamos de verdad.

A continuación guardaremos la lista y no la volveremos a mirar hasta después de varios días.

Cuando leamos de nuevo lo que habíamos escrito, veremos enseguida cuáles son nuestras verdaderas metas. En ese tiempo de descanso, el inconsciente habrá tenido tiempo de separar el grano de la paja para que veamos exactamente qué es lo que deseamos hacer.

Déjese guiar por sus verdaderas prioridades y nunca más se sentirá atrapado.

17ª Ley de las posibilidades

Para que lo principal cobre fuerza
hay que renunciar a lo secundario.

Un camino propio

Dos senderos se bifurcan ante toda persona en los momentos de cambio: aquél que los demás desearían que siguiera y el que sólo pertenece a uno mismo.

Un ejemplo de ello fue el caso del ruso Piotr Ilich Chaikovski, el compositor de *El lago de los cisnes* y *Cascanueces*, entre otras obras universales. De haber seguido el camino que le habían trazado sus padres, nunca se habría dedicado a la música.

Nacido en el seno de una familia de clase media, sus estudios iban dirigidos a que fuera funcionario, pero Chaikovski sentía desde niño la llamada de la música. A pesar de que se preparó obedientemente para dedicarse a aquello que le habían destinado, llegó un momento en que no pudo mentirse más a sí mismo, abandonó los estudios y se entregó con pasión a su carrera musical.

En 1862 entró en el Conservatorio de San Petersburgo y en tan sólo tres años se graduó. Para convertirse en un compositor de referencia trabajó duramente, ya que el propio Chaikovski afirmaba que «la inspiración no es un huésped que visite de buen grado al perezoso».

¿Se imaginan cómo sería el mundo si Piotr no hubiera tomado su propia senda? Y una pregunta más importante aún: ¿está usted seguro de que no desatiende una vocación que, en su interior, espera a ser liberada?

18ª Ley de las posibilidades

Tras observar los caminos que señalan los demás,
hay que descubrir el propio.

El cultivo malogrado

Los grandes inventores y científicos de la humanidad han sabido encontrar valiosas posibilidades en lo que aparentemente era una catástrofe. Un ejemplo muy remarcable en ese sentido fue el descubrimiento de la penicilina. La historia del antibiótico que usamos para tratar infecciones por bacterias tiene precedentes a lo largo de los tiempos en Grecia e India, así como en las culturas tradicionales de Serbia, Rusia y China, pasando por los nativos norteamericanos, quienes solían aplicar hongos en las heridas de guerra. Sin embargo, su descubrimiento científico se otorga a Alexander Fleming en 1928.

Al regresar de un viaje, este biólogo especializado en farmacia encontró en su laboratorio de Londres que todos sus cultivos bacterianos de *Sthaphylococcus aureus* se habían malogrado. En un principio iba a tirarlos, pero al llegar un colega le mostró lo ocurrido y algo llamó su atención. Se dio cuenta de que había algo extraño alrededor del hongo contaminante: una especie de halo transparente de destrucción celular.

El hongo fue identificado como *Penicillium notatum*, y aunque a ambos científicos les costó darse cuenta de lo que tenían entre manos, habían hallado un remedio para las infecciones que salvaría millones de vidas.

19ª Ley de las posibilidades

Todo accidente tiene su enseñanza
si se interpreta en clave de nuevas posibilidades.

El test de Ogilvy

Conocer lo bueno y malo que hay en uno mismo es la mejor manera de saber con qué herramientas abordamos los proyectos que nos hemos fijado.

Un genio contemporáneo del que ya hemos hablado, el publicista David Ogilvy, cuando aún estaba en activo respondió con estos 12 puntos a la pregunta de un alto ejecutivo de su agencia: ¿cuáles son sus peores defectos y puntos débiles? Éstas fueron sus respuestas:

1. No aguanto la mediocridad.
2. Pierdo demasiado tiempo ocupándome de cosas que carecen de importancia.
3. Como todas las personas de mi edad, hablo demasiado del pasado.
4. Nunca he sabido despedir a la gente que era necesario despedir.
5. Me da miedo volar, y soy capaz de hacer auténticas ridiculeces para no montar en avión.
6. Cuando era director creativo en Nueva York, escribía demasiado sobre publicidad.
7. No tengo ni idea de finanzas.
8. Cambio continuamente de opinión, sobre la publicidad y sobre la gente.
9. Soy tan sincero que puedo llegar a resultar indiscreto.
10. En las discusiones siempre veo demasiados puntos de vista.

11. Me dejo impresionar excesivamente por la belleza física.
12. Tengo un bajo umbral de resistencia al aburrimiento.

Ahora le toca a usted, estimado lector, ¿cuáles son sus peores defectos y puntos débiles?

Realice este autotest con la sinceridad de Ogilvy y descubrirá por qué ciertas cosas fallan, qué hace que tropiece cien veces con la misma piedra y cómo puede optimizar su vida.

20ª Ley de las posibilidades

Conocer nuestros puntos débiles
nos allana el camino hacia nuestros objetivos.

*«Las posibilidades se multiplican
cuando decidimos actuar
en lugar de reaccionar.»*

GEORGE BERNARD SHAW
(dramaturgo irlandés)

Preguntas de Pascua

En su libro *El puente de la vida: la llave de la felicidad,* Juan Cayuela transmite las enseñanzas chamánicas de la isla de Pascua y los pasos que debemos realizar para descubrir nuestro camino. Para ello nos propone que nos hagamos las tres preguntas sagradas para los indígenas:

1. ¿Eres feliz?
2. ¿Te gusta cómo vives?
3. Si tu muerte fuera hoy, ¿has hecho o estás haciendo lo que siempre has querido hacer?

La ciencia personal de las posibilidades debe considerar estas preguntas para no malgastar la vida en caminos secundarios que no conducen a donde queremos llegar.

Es lo que Viktor Frankl llamaba «la búsqueda de sentido». Su logoterapia se basa justamente en este principio: sólo alcanzaremos el equilibrio cuando nos entreguemos a nuestra misión en la vida.

Cuando sus pacientes interponían reparos como: «Pero doctor, yo no sé cuál es mi propósito vital», él respondía: «Pues ya lo tienes: tu objetivo en la vida va a ser a partir de ahora descubrir cuál es tu misión».

21ª Ley de las posibilidades

Si no sabes cuál es tu camino,
la próxima misión de tu vida será descubrirlo.

Tesoros del aburrimiento

Deberíamos valorar el aburrimiento más de lo que lo hacemos, ya que de ese estado de aparente inacción han surgido algunas de las posibilidades más excitantes.

Un ejemplo remarcable es el de Don DeLillo, cuyo nombre ha sonado repetidamente como candidato para el Nobel de Literatura.

El que sería el futuro autor de obras como *Ruido de fondo* creció en el barrio italiano del Bronx, apretujado en una casa con otras once personas, así que pasaba la mayor parte del tiempo correteando por la calle. A pesar de ello, logró graduarse en la Universidad de Fordham y buscó trabajo enseguida para poder viajar.

Según explica, nunca había pensado en escribir hasta que trabajó como guardia de seguridad en un aparcamiento. Allí se pasaba las horas leyendo a James Joyce, William Faulkner, Ernest Hemingway, Flannery O'Connor...

Disponía de tanto tiempo libre para leer, que acabó albergando el sueño de escribir. Y empezó a hacerlo.

Tras este empleo logró un puesto en una agencia literaria donde permaneció cinco años, y publicó su primer relato, *The River Jordan*, en la revista *Epoch* en 1960. No sería hasta diez años después que publicaría su primera novela, *Americana*.

Don DeLillo llegaría a cosechar numerosos elogios de la crítica y toda clase de premios, pero nada de eso habría sucedido sin la soledad aséptica y deprimente del aparcamiento donde se ocultaba su vocación de escritor.

22ª Ley de las posibilidades

Incluso cuando parece que no hacemos nada,
las posibilidades luchan por brotar.

Autoprofecías

El estoico Epícteto decía ya hace dos milenios que «no hay que tener miedo de la pobreza, ni del destierro, ni de la cárcel, ni de la muerte… de lo que hay que tener miedo es del propio miedo». La cantautora norteamericana Rosanne Cash apunta a la misma idea al afirmar que «la clave para el cambio es liberarse del miedo». No hay nada malo en temer a lo desconocido, es algo natural, pero no debe paralizarnos a la hora de elegir entre varias opciones o aceptar nuevos retos.

Puesto que el cambio es inevitable dentro y fuera de nosotros —el mundo cambia constantemente, pero nosotros también—, para generar oportunidades debemos fluir con él y no hacer predicciones. El miedo surge de una predicción negativa sobre el futuro, del tipo: «voy a perder mi trabajo», «seguro que me pongo enfermo» o «mi pareja me va a engañar».

De hecho, al condicionar la mente de forma negativa contribuimos a que los temores se vean confirmados, ya que de forma inconsciente empujamos estas autoprofecías hacia su cumplimiento.

23ª Ley de las posibilidades

Las predicciones negativas nos conducen
de forma inconsciente hacia su cumplimiento.

Cuento de la moneda y el destino

Un relato tradicional zen cuenta que durante una batalla trascendental, un general japonés se decidió a atacar. Aunque su ejército era superado de forma considerable en número, estaba totalmente seguro de que vencerían, pero sus hombres albergaban serias dudas.

De camino a la batalla, se detuvieron en un santuario religioso. Después de rezar con sus hombres, el general sacó una moneda y dijo:

—Ahora lanzaré esta moneda. Si es cara, venceremos. Si es cruz, perderemos. El destino ahora se revelará.

Lanzó la moneda al aire y todos la miraron con ansiedad mientras caía. Salió cara.

Los soldados estaban tan rebosantes de alegría y confianza que atacaron vigorosamente al enemigo y salieron victoriosos.

Después de la batalla, un teniente le comentó al general:

—Nadie puede cambiar el destino.

—Absolutamente correcto —respondió el general mientras mostraba al teniente la moneda, la cual tenía cara en ambos lados.

24ª Ley de las posibilidades

Cuando renunciamos al azar y a la suerte,
escribimos nuestro propio destino.

El policía que entró en la pantalla

La diferencia fundamental entre las personas de éxito y el resto es que las primeras saben aprovechar las oportunidades que se presentan en su vida. El cazador de posibilidades está atento a todo lo que le sucede y sabe extraer petróleo de cualquier nueva situación.

Algo así le sucedió a Dennis Farina, el actor de cine y televisión conocido por la serie estadounidense *Ley y orden*. Nunca pensó en él interpretando papeles de ningún tipo, ni siquiera como figurante. Sólo había sido oficial del Departamento de Policía de Chicago durante 18 años cuando el cineasta Michael Mann lo contrató como asesor en temas policiales.

Ésa fue la primera vez que Farina entraría en un plató de rodaje. Tenía 37 años, y Mann debió de ver en él madera de actor, ya que le pidió que interpretara un papel pequeño en una de sus películas.

Sin pretenderlo, Dennis saltó de oficial de policía a actor profesional, y empezó a participar en series y películas de éxito como *Corrupción en Miami, Huida a medianoche, Cómo conquistar Hollywood* o *Snatch*. Una larga trayectoria para un hombre que nunca se inició en el arte dramático.

Más de un policía se habría negado a realizar su mismo papel en una película de ficción, pero Dennis Farina asumió su nuevo rol con la naturalidad de un joven salido de una escuela actoral de Los Ángeles.

En lugar de miedo, tuvo curiosidad ante aquel nuevo mundo que se le ofrecía. Eso le permitió descubrir de forma relajada una vocación que había estado oculta 37 años.

Dice la Biblia que «los caminos del Señor son inescrutables», pero lo importante es estar preparado para cuando surja la oportunidad.

25ª Ley de las posibilidades

Nunca hay que dejar pasar una oportunidad por miedo a no estar a la altura.

Los ratones y el queso

En *¿Quién se ha llevado mi queso?* del Dr. Spencer Johnson leemos que el cambio es inevitable en la vida y que para ser felices debemos ser capaces de anticiparnos a él, adaptarnos rápidamente y disfrutar de los retos. Una vez conseguido esto, alcanzar nuestros objetivos se convertirá en nuestro pasatiempo favorito.

Escrita por un médico y psicólogo, ideó esta fábula empresarial de gran éxito en todo el mundo al observar que los ratones nunca vuelven al mismo lugar para buscar comida.

Sus protagonistas son justamente dos ratones y dos hombres que viven encerrados en un laberinto. Los cuatro tienen como objetivo encontrar el queso desaparecido, pero los humildes roedores están más preparados para el cambio y consiguen incluso racionalizar sus leyes:

«El cambio es un hecho» (El queso se mueve constantemente)
«Prevé el cambio» (Permanece alerta a los movimientos del queso)
«Controla el cambio» (Huele el queso a menudo para saber cuándo empieza a enmohecerse)
«Adáptate rápidamente al cambio» (Cuanto antes se olvida el queso viejo, antes se encuentra el nuevo queso)
«¡CAMBIA!» (Muévete cuando se mueva el queso)
«¡Disfruta del cambio!» (Saborea la aventura y disfruta del nuevo queso)
«Prepárate para cambiar rápidamente y disfrutar otra vez» (El queso se mueve constantemente)

26ª Ley de las posibilidades

Las oportunidades cambian siempre de lugar,
por lo que favorecen a los que están en movimiento.

> «*Nuestras aspiraciones son nuestras posibilidades.*»
>
> Samuel Johnson
> (poeta inglés)

Milagros colectivos

Hay logros aparentemente imposibles que nacen del trabajo de muchas personas que pensaron de forma diferente al resto. Éste es el caso del invento que ha modelado nuestra era, el ordenador, cuyo nombre viene de la palabra francesa *ordinateur* que alude a Dios poniendo orden en el mundo.

Éste fue el mensaje que IBM quiso dar al lanzar su nuevo producto en 1954, que se presentó como una máquina capaz de computarlo todo.

El nacimiento del ordenador fue fruto de un esfuerzo colaborativo entre ingenieros en electrónica, matemáticos, programadores y mecánicos.

A pesar de ello hubo personas que no creían en su utilidad más allá de las grandes empresas o de los estados, como por ejemplo Olsen Digital Corporation, quienes afirmaron en 1977: «No hay razón para que todo el mundo tenga un ordenador en casa». Por su parte, la revista *Popular Mechanics* había pronosticado: «Los ordenadores del futuro pesarán menos de una tonelada y media».

Sin duda dieron en el clavo, aunque ningún redactor de esa publicación habría imaginado que un ordenador llegaría a caber en un bolsillo en forma de teléfono móvil.

Gracias a todas las personas que han creído en posibilidades antes inimaginadas, vamos hacia un mundo cada vez más global y lleno de opciones. Si sabemos separar del «*spam*» de lo inútil las verdaderas oportunidades, no hay fronteras para lo que podamos conseguir.

27ª Ley de las posibilidades

Las oportunidades se multiplican
cuando se comparten con las personas adecuadas.

La alquimia de los sueños

En su célebre fábula *El alquimista*, Paulo Coelho cuenta la historia de un pastor que hace un viaje iniciático a través del desierto en busca de lo que ha visto en un sueño, algo que le llevará a convertirse en alguien que nunca se había imaginado y a encontrar el amor de su vida.

Este autor brasileño que había sido letrista de grandes cantantes de su país, y que había pasado incluso una temporada en un psiquiátrico, nos habla así de las posibilidades del espíritu humano: «Si tienes un pasado que no te deja satisfecho, olvídalo ahora. Imagina una nueva historia para tu vida y cree en ella. Concéntrate sólo en los momentos en que conseguiste lo que deseabas, y esa fuerza te ayudará a conseguir lo que deseas ahora».

La frase más recordada de esta fábula es: «Cuando deseas algo con todas tus fuerzas, el universo entero conspira para que lo consigas».

Otras ideas poderosas de este fabulador de las posibilidades son:

Cuando hacemos algo por primera vez, la suerte acostumbra a ponerse de nuestro lado debido al llamado «principio favorable».

Hay que leer las señales que nos manda la vida para guiarnos en nuestro camino.

Los niños enseñan a los adultos tres secretos de la magia personal: 1) se ponen contentos sin motivo, 2) están siempre ocupados con algo y 3) saben exigir con todas sus fuerzas.

El miedo al fracaso es el peor enemigo de cualquier proyecto. Los tesoros más valiosos están mucho más cerca de lo que creemos.

28ª Ley de las posibilidades

El miedo a fracasar hace imposible lo posible.

¡Que no pare la música!

No todo ha sido positivo con la llegada de las nuevas tecnologías. A partir de Napster y otras webs que permitían compartir archivos de música, la industria discográfica se encuentra al borde de la desaparición. Los músicos ya no viven de sus discos, sino de sus conciertos, ya que pocas personas sienten la necesidad de tener el soporte físico de las canciones.

Ante semejante panorama, parecía imposible que alguien encontrara una salida viable para la música enlatada... hasta que llegaron los empresarios Daniel Ek y Martin Lorentzon y crearon Spotify.

La idea es sencilla pero poderosa: un servicio de música en *streaming*, instantáneo, legal y muy sencillo de usar. El dinero que se obtiene de los clientes que se subscriben a este servicio se reparte según las escuchas, de modo que los artistas y las discográficas participan activamente de los beneficios.

Lo innovador del concepto de Spotify es que no busca el negocio en la propiedad de la música, como había sucedido hasta el momento, sino en el acceso a un sistema de «tarifa plana». Cuando iniciaron el proyecto, Ek y Lorentzon estaban tan seguros de lo que hacían que lo costearon todo de su bolsillo. Hoy en día tienen sede en Londres y Estocolmo con más de setenta empleados.

Su secreto ha sido buscar una solución para convertir una crisis, la de la industria discográfica, en una oportunidad.

29ª Ley de las posibilidades

Hay una solución para cada problema
siempre que lo miremos desde una óptica nueva.

El premio de la dinamita

Todo ser humano tiene la oportunidad de enmendar aquello que ha hecho mal a través de actuaciones positivas como compensación. Sin embargo, ¿qué puede hacer alguien que está seguro de haber causado dolor y destrucción por doquier? Ése fue el drama del químico Alfred Bernhard Nobel, cuyas investigaciones desde su temprana juventud fueron encaminadas hacia el campo de los explosivos. Su objetivo era controlar la detonación de la nitroglicerina, cosa que logró en 1865. En 1867 inventó la dinamita y a partir de ese momento se dedicó a la creación de otros explosivos, útiles en el campo de la minería, la construcción y la ingeniería, pero sobre todo en la industria militar, cosa que el sueco no había previsto de forma consciente.

Nobel amasó una gran fortuna, pero también una culpabilidad tan intensa que necesitaba encontrar el modo de compensar al mundo por el mal que sus inventos pudieran causar. Por esta razón creó la Fundación Nobel con su propia fortuna, que fue entregada al Banco Central de Suecia. Los premios se darían a aquellas personas que en mayor grado hubieran beneficiado al mundo en los campos de la Física, la Química, la Medicina, la Literatura y la Paz.

Afortunadamente, quien sostiene este libro no es responsable de un invento demoledor, sin embargo, todo el mundo lamenta alguna conducta que no ha sido la más adecuada. Puesto que lo hecho no puede deshacerse, la mejor manera de subsanar un error es mediante acciones positivas que redunden en el beneficio de los demás.

Como dice un proverbio árabe: «A Dios no le importa lo que has sido, sino lo que serás a partir de ahora».

30ª Ley de las posibilidades

El pasado no se puede cambiar,
pero el presente lo decidimos aquí y ahora.

---

*«Cada momento nos ofrece más posibilidades
de las que percibimos a primera vista.»*

THICH NHAT HANH
(monje budista vietnamita)

Revisar los hábitos

El poeta inglés John Dryden dijo en una ocasión: «En primer lugar nosotros hacemos nuestros hábitos, y después nuestros hábitos nos hacen a nosotros».

Puesto que las metas a medio y largo plazo se sustentan en los hábitos, quien quiera dominar sus posibilidades debe revisarlos y ver qué dicen sobre uno mismo, ya que para bien o para mal son nuestra tarjeta de presentación.

En su libro *Change Anything: the new science of personal success*, el especialista en conducta Kerry Patterson dice que para cambiar nuestros malos hábitos no sólo necesitamos fuerza de voluntad, también necesitamos automotivación, aprender de nuestros errores y adaptar nuestra rutina a los nuevos objetivos que nos hemos fijado.

31ª Ley de las posibilidades

Los hábitos son el material de construcción
de los proyectos a medio y largo plazo.

Una vida de Disney

Walt Disney dijo en su día: «Es divertido hacer lo imposible. Todas las cosas nuevas en algún momento parecen imposibles ante los ojos de los incrédulos, pero los demás no pueden decir qué podemos o no podemos realizar, sólo nosotros somos capaces de marcar nuestros límites y nuestras metas».

Nacido en Chicago, la suya fue una infancia dura y toda su familia tuvo que trabajar de sol a sol. Ya de muy pequeño, su hermano Roy y él ayudaban a repartir periódicos a su padre.

A Walt le gustaba dibujar desde muy joven y ganaba algún dinero adicional vendiendo caricaturas, con lo que pudo costearse las clases en el Instituto de Arte de Kansas y así aprender la técnica del dibujo a la vez que descubría el cine.

Cuando Roy se marchó de casa, la familia se instaló en Chicago y su padre montó una pequeña fábrica de mermelada en la que Walt trabajó hasta que falsificó su partida de nacimiento, ingresó en la Cruz Roja para servir como ayudante y se marchó a la Primera Guerra Mundial.

En el drama del campo de batalla entendió que la vida puede ser muy corta, por lo que hay que dedicarse a aquello que nos apasiona.

A su regreso, buscó un empleo como dibujante y se fue a vivir con su hermano Roy a Kansas. Consiguió trabajo en la agencia Pesmen Rubin Commercial Art Studio y allí conoció al que sería su socio y compañero: Ubbe Iweks. Poco después entraron a trabajar en una agencia más grande donde aprendieron técnicas de animación cinematográfica.

Entusiasmados con las nuevas posibilidades que estaban descubriendo, tomaron una cámara prestada y, en el garaje de su casa, Walt e Iweks montaron su primera película de dibujos. Tras intentar sin éxito que en Hollywood contrataran sus servicios, Walt no se desanimó y creó una empresa, esta vez con su hermano Roy, la Disney Brothers Studio, a la que poco después se uniría Iweks. La compañía empezó a crecer y le cambiaron el nombre por Walt Disney Studio.

Todo iba viento en popa hasta que su principal cliente se quedó con el conejo que Walt había creado y había protagonizado sus cortometrajes... Este contratiempo no sólo no hundió al ilustrador, sino que le obligó a explorar una nueva posibilidad. De hecho, fue su esposa quien, en un viaje en tren, pensó en un ratoncito llamado Mikey Mouse al que Iweks dio forma y se convirtió en la imagen del estudio. Cuando llegó el sonido, lo incorporaron rápidamente en la primera película con Mikey y Minnie junto con sus propias voces para reducir costes. Resultó un auténtico bombazo.

Walt Disney Studio creció sin parar y nacieron los personajes y películas que todos conocemos.

La figura de Disney está rodeada de leyendas, como la creencia de que está congelado, pero lo más importante es recordar que fue un niño que luchó por cumplir su ilusión: crear dibujos en movimiento.

Sobre su fórmula para él éxito, en una ocasión la expuso así: «No creo que haya ninguna cumbre que no pueda ser escalada por una persona que conozca el secreto para hacer realidad sus sueños. Este secreto especial yo lo resumo en cuatro "ces". Son la curiosidad, la confianza, el coraje y la constancia. De todas ellas la más importante es la de la confianza. Cuando creas en algo, créelo sin dudar y sin cuestionarlo».

32ª Ley de las posibilidades

Todo aquello que puede imaginarse
algún día se hará realidad.

No te quejes, actúa

En *100 Days to living consciously*, el periodista y comunicador Amit Sodha señala que cada día nos quejamos de las cosas que van mal en nuestra vida pero no hacemos nada para remediarlo. Si excluimos el lamento y la queja de nuestra caja de herramientas vital, dejaremos de reaccionar negativamente para actuar proactivamente, es decir, en clave de soluciones reales.

Amit Sodha propone, para convertir las lamentaciones en posibilidades, implantar un objetivo concreto en la mente y no dejarnos abatir por las dificultades que puedan surgir.

Como decía la motivadora Marlene Larson Jenks: «Hay que tener el valor de actuar en lugar de reaccionar».

33ª Ley de las posibilidades

Cambiar las quejas por acciones
dispara nuestras oportunidades.

Cuento del rey, el cirujano y el sufí

Un antiguo rey de Tartaria estaba paseando con algunos de sus nobles, cuando, junto al camino, encontró a un sufí errante, quien exclamó:

—Le daré un buen consejo a quienquiera que me pague cien dinares.

El rey se detuvo y dijo:

—Dime, ¿cuál es ese buen consejo que me darás a cambio de cien dinares?

—Señor —respondió el sufí—, ordena que se me entregue dicha suma y te daré el consejo inmediatamente.

El soberano así lo hizo, esperando escuchar algo extraordinario. El sufí le dijo entonces:

—Éste es mi consejo: nunca comiences nada sin que antes hayas reflexionado cuál será el final de ello.

Ante estas palabras, los nobles y todos los presentes estallaron en carcajadas, diciendo que el sufí había sido listo al pedir el dinero por adelantado. Pero el rey dijo:

—No tienen motivo para reírse del buen consejo que este hombre me ha dado. Nadie ignora que deberíamos reflexionar antes de hacer cualquier cosa. Sin embargo, diariamente somos culpables de no recordarlo y las consecuencias son nefastas. Aprecio mucho este consejo del derviche.

A partir de entonces, el rey decidió recordar siempre el consejo y ordenó que fuese escrito en las paredes con letras de oro, e incluso las hizo grabar en su vajilla de plata.

Poco después, un intrigante concibió la idea de matar al rey.

Sobornó al cirujano real con la promesa de nombrarlo primer ministro si clavaba una lanceta envenenada en el brazo del soberano.

Cuando llegó el momento de extraer sangre al rey, éste se colocó una jofaina para recoger la sangre. De repente, el cirujano vio las palabras grabadas en el recipiente: «Nunca comiences nada sin que antes hayas reflexionado cuál será el final de ello».

Fue entonces cuando el cirujano se dio cuenta de que, si el intrigante se convertía en rey, lo primero que haría sería ejecutarlo, y de ese modo no necesitaría cumplir con su compromiso. El soberano, viendo que el cirujano estaba temblando, le preguntó qué le ocurría y éste le confesó la verdad inmediatamente.

El autor de la intriga fue capturado, y el rey reunió a todas las personas que habían estado presentes cuando el sufí le dio el consejo y les arengó:

—¿Todavía se ríen del derviche?

Al igual que el rey salvó su vida, nos ahorraríamos muchos disgustos y peleas que nos hacen perder una energía preciosa si nos detuviéramos a pensar adónde conducen nuestras decisiones.

El sencillo —pero no tan común— ejercicio de pensar nos ayuda a sortear las posibilidades negativas que tiñen de conflictos nuestro día a día.

34ª Ley de las posibilidades

Calcular las consecuencias de nuestros actos elimina las posibilidades indeseables.

*«El pesimismo opera dentro de un campo
de visión tan estrecho
que la persona es incapaz de ver
las posibilidades que existen más allá
de su experiencia.»*

NORMAN COUSINS
(ensayista y editor norteamericano)

El hombre de las posibilidades

En las primeras páginas de este libro hablábamos de Richard Branson, y ahora vamos a detenernos un poco más en su vida, ya que si un empresario se ha caracterizado por explorar nuevas posibilidades, ése es el fundador de Virgin.

Este emprendedor londinense recibió una buena educación desde niño, pero sufría dislexia y esto le procuró unos resultados académicos bajos, cosa que no le frenó a la hora de crear sus propias empresas a edades muy tempranas.

A los 16 años, dejó los estudios y se mudó a Londres, donde fundó la revista *Student* y a los 17 creó la organización caritativa Student Advisory Centre.

Se introdujo en el mundo de los discos al regresar de un viaje a través del Canal de la Mancha. Se dedicaba a comprar vinilos a saldo y a venderlos en Londres desde el maletero de su coche. Al ver que el negocio tenía posibilidades, decidió comercializar los discos por correo a precios mucho más baratos que en las propias tiendas. Fue entonces cuando creó Virgin.

Tras mucho ahorrar, logró abrir una tienda en Oxford Street e incluso crear un sello discográfico que llamaría Virgin Records, que cosechó un gran éxito con el *Tubular Bells* de Mike Olfield. Sería él mismo quien se atrevería a grabar a los Sex Pistols cuando ningún otro productor discográfico quería hacerlo.

En 1992, Branson vendió Virgin con lágrimas en los ojos para poder financiar las nuevas posibilidades que se perfilaban en el horizonte: nada menos que unas líneas aéreas.

En sus propias palabras: «Todo el mundo necesita algo a lo que aspirar. Llámalo desafío o llámalo meta. Eso es lo que nos hace humanos. Son estos retos los que nos han sacado de las cavernas para llevarnos a las estrellas».

35ª Ley de las posibilidades

Sólo si piensas a lo grande,
puedes aspirar a resultados grandes.

Lecciones del caos

El senador norteamericano Win Borden dijo en una ocasión: «Si esperas siempre a estar seguro para hacer las cosas, seguramente no harás casi nada».

El motivo por el que tantas personas viven una existencia monótona y repetitiva es porque se aferran a las seguridades, por mucho que no les gusten, ya que temen el caos. Y, sin embargo, el desorden es necesario antes de instaurar un nuevo orden en nuestra vida para que sea más parecida a como la hemos soñado.

En su artículo *How to make a radical Change in your Life*, el *coach* Alex Elkholy nos recuerda que la vida nos plantea situaciones que nos arrancan de nuestro lugar en el mundo.

Tras el caos que supone toda alteración de la rutina, aparece un nuevo bosque de posibilidades. De repente podemos elegir y eso nos procura un sentimiento de vigor y creatividad que nos permite superar nuestros límites.

Por consiguiente, no hay que tener miedo al cambio ni a los pequeños y grandes naufragios, ya que tras la tormenta aparecerán nuevas tierras que nos empujarán a explorar más allá de nuestros límites

---

36ª Ley de las posibilidades

El cambio y el caos
preceden a una tormenta de posibilidades.

Cuando la suerte llama a la puerta

Sería simplista limitar las posibilidades a las propias decisiones, ya que el mundo está repleto de ellas y a veces vienen a nuestro encuentro sin que las hayamos buscado. La clave es qué hacemos cuando la suerte se cruza en nuestro camino.

Nadie sabe qué hubiera sido de Kate Moss si el azar no hubiera topado con ella bajo la figura de Sarah Daukas, la fundadora de la prestigiosa agencia de modelos Store.

Hasta entonces nada permitía suponer que aquella niña andrógina y escuálida acabaría reinando en las pasarelas durante la década de los noventa.

Hija de una camarera y de un agente de viajes, Kate no destacaba mucho en los estudios, sólo el deporte parecía tener para ella algún interés. Cuando se disponía a disfrutar de unas vacaciones junto a su familia, Sara Daukas se cruzó con ella en el aeropuerto internacional John F. Kennedy. Este encuentro cambió su vida.

Tras una década encabezando la lista de modelos más cotizadas, parecía que la carrera de Moss se hundiría para siempre debido a sus adicciones, pero ha sido capaz de reinventarse y resurgir de sus propias cenizas. En la actualidad, con casi 40 años, esta *top* irrepetible sigue trabajando para las firmas de moda más glamurosas.

No todo el mundo tiene la suerte —o la desgracia— de atraer la atención de un cazatalentos o una cazamodelos, pero la vida de cada persona cuenta con sus propios golpes de fortuna. Sea grande o pequeña, hay que aprovechar cada oportunidad para empujar la nave de nuestros sueños hacia el horizonte que anhelamos.

37ª Ley de las posibilidades

La suerte existe, pero hay que extraer todo su jugo
cuando nos favorece.

El farmacéutico y la Coca-Cola

Lo que no se ha visto nunca ni siquiera es una imposibilidad. Es sencillamente algo que no existe. Tal vez por eso el primer excéntrico que le da forma tiene las de ganar.

Imaginemos cómo era, por ejemplo, el mundo de las bebidas antes de aparecer un producto tan marciano como la Coca-Cola.

Este brebaje de un color negro tan poco apetecible nació en Atlanta en 1886 de la mano del farmacéutico John S. Pemberton, que buscaba crear un tónico refrescante que fuera efectivo para la mente. En la empresa le ayudó su contable, Frank Robinson, que se encargó humildemente del diseño del logotipo y la marca.

Todo empezó con un cartel en la puerta de la farmacia donde se invitaba a probar el jarabe, y poco a poco se fueron vendiendo más botellas cada día. Dos años después, en 1898, ya estaba presente en todo Estados Unidos.

En la actualidad, más de ocho millones de personas trabajan para Coca-Cola. La marca ha sido tan influyente en nuestra cultura que hasta ha cambiado la forma de vestir de Santa Claus. El hombre orondo y barbudo vestido de rojo que todos conocemos es un diseño de Haddom Sundblom, ilustrador de la empresa.

Según cuentan, sólo dos personas en el mundo que nunca están juntas en el mismo lugar saben los ingredientes del refresco y sus proporciones. La fórmula Merchandise 7X se guarda bajo llave en el Sun Trust Bank Building de Atlanta.

Esta marca icónica del estilo de vida norteamericano no debe hacernos olvidar que nació como una humilde posibilidad: alguien buscaba un tónico refrescante para la mente y acabó creando un monstruo.

Ésa es la magia de las posibilidades: sabemos dónde nacen —acostumbra a suceder en nuestra cabeza— pero nadie sabe lo lejos que puede llevarnos una idea, siempre que hagamos algo con ella.

38ª Ley de las posibilidades

Cada posibilidad es el primer paso
de un camino que no sabemos
hasta dónde nos puede llevar.

Miedo *versus* posibilidades

Uno de los manuales de autoayuda que marcó la década de los ochenta en Estados Unidos, *Aunque tenga miedo hágalo igual*, tuvo unos inicios tan rocambolescos que merecen ser contados. Su autora, la doctora en psicología Susan Jeffers, dirigía un hospital flotante en un barco de Nueva York, donde pudo analizar los estragos que producía el miedo en sus pacientes.

Ella no lo padecía, así que se divorció de quien había sido su marido desde hacía 16 años y escribió un manual en el cual, de entrada, nadie creyó. Tras ser rechazado una y otra vez, un lector editorial se atrevió a señalar en una de las notas que llegó a la autora: «Lady Di podría ir desnuda en bicicleta por la calle regalando este libro y nadie lo leería».

Optimista incombustible, Susan Jeffers no abandonó, ya que su lema era: «Nos han enseñado a pensar que lo negativo es realista y lo positivo no lo es».

Tras conseguir publicar su libro contra todo pronóstico, esta psicóloga de Columbia planteaba a los lectores la pregunta que sigue: «¿Qué le impide, en este preciso momento, ser la persona que quiere ser y vivir la vida como quiere vivirla?»

La respuesta era el miedo, aunque merece la pena diseccionar qué temores nos hacen dudar de nuestras posibilidades y nos paralizan. Tememos...

- Equivocarnos, fracasar o hacer el ridículo.
- No estar a la altura de las circunstancias, es decir, no cumplir las expectativas que los demás tienen de nosotros.

• Cosas negativas que pueden sucedernos, aunque se ha demostrado que el 90 % de nuestros miedos nunca llegan a cumplirse.

Dado que las cosas positivas que nos pueden acontecer superan por goleada a las negativas, la conclusión de Susan Jeffers es clara: lo «realista» es ser optimista.

39ª Ley de las posibilidades

El miedo es un monstruo que, si lo alimentamos,
devora nuestras oportunidades.

«*Es absolutamente imposible,
pero tiene posibilidades.*»

SAMUEL GOLDWIN
(fundador de la Metro-Goldwin-Mayer)

Dos pegas millonarias

Los grandes maestros de las posibilidades son aquellos que han sabido encontrar usos imprevistos a supuestas calamidades. En este capítulo hablaremos de dos «catástrofes» que acabaron «pegando» fuerte y procuraron un montón de dinero a quienes fueron capaces de contemplar el error con ojos creativos.

Art Fry es el primer ejemplo de cómo la equivocación de un hombre puede ser la oportunidad para otro. Este modesto empleado entró a trabajar en la empresa de adhesivos 3M y sus jefes le animaron, como al resto del personal, a aprender del resto de áreas de la empresa y no encasillarse en su propio servicio.

Fue así como dio con el científico Spencer Silver y su pegamento «fallido». Un error en la fórmula había resultado en una partida de cola defectuosa que no pegaba lo suficiente y que por lo tanto iba a ser destruida.

Ante aquella pasta defectuosa, Fry vio la posibilidad de solucionar un problema que le asaltaba como tenor en el coro de la iglesia. Siempre le costaba encontrar los himnos con rapidez, así que se le ocurrió una idea: con aquel pegamento y unos papeles recortados creó los primeros Post-it para su uso privado.

Sin sospechar lo que tenía entre manos, un día se le ocurrió utilizar uno de sus Post-it caseros para un informe interno. Sus compañeros se entusiasmaron con los papelitos de quita y pon, y le pidieron más para sus propias anotaciones. Cuando el invento fue detectado por los ejecutivos de la 3M, el producto fue lanzado con gran éxito y hoy puede encontrarse en todas las oficinas del mundo.

Igual de fortuito, aunque más trabajoso, fue el descubrimiento, varias décadas atrás, del velcro que se utiliza para cierres de prendas. Debemos este «accidente» a Georges Mestral, un inventor suizo que ya a los 12 años había patentado un aeroplano de juguete.

Alrededor de 1948, durante una excursión por el campo, Mestral se fijó en unas molestas plantas que se adherían a su ropa y al pelo de su perro. Al mirar por el microscopio, vio que se pegaban a la ropa debido a unos pequeños ganchos que recubrían cada semilla.

Enseguida se dio cuenta de las enormes posibilidades que eso ofrecía. Tras muchas pruebas para encontrar su equivalente sintético, dio nacimiento al velcro. Para llegar a este material necesitó trabajar durante ocho largos años, buena parte de ellos encerrado en una cabaña donde se entregaba a sus experimentos.

Toda una odisea para un producto que hoy en día podemos encontrar en miles de objetos diferentes, y todo a partir de una simple observación.

40ª Ley de las posibilidades

Cada accidente contiene una posibilidad
a la que, de otro modo, no habríamos llegado.

Cambiar lentamente

Existe el prejuicio de que el cambio debe ser rápido y fulminante, pero la vida nos demuestra que no siempre es así. Hay posibilidades que necesitan el riego del tiempo para que den sus frutos.

El sabio y moralista chino Confucio identificaba esta siembra paciente pero efectiva con los hábitos de los que ya hemos hablado en capítulos anteriores. Decía: «La naturaleza es la misma en todos los hombres, son los hábitos los que los diferencian». Es decir: si alguien quiere cambiar su vida, antes debe revisar sus costumbres y redefinirlas para determinar quién desea ser en realidad.

Confucio también dijo que: «No importa la lentitud con que camines, siempre y cuando no te detengas», porque una vez que la semilla está en la tierra, con la constancia y el tiempo, terminará por brotar.

41ª Ley de las posibilidades

Hay posibilidades que requieren
paciencia y tiempo para germinar.

Posibilidades compartidas

Cuando hablamos de proyectos que se realizan, de semillas y resultados, debemos tener en cuenta que buena parte de la humanidad comparte su vida, y por lo tanto sus sueños, con alguien.

Al unir su destino, cada miembro de la pareja gana en seguridad y estabilidad, pero ambos corren el riesgo de fracasar si el apego es excesivo e invasivo, ya que tras un periodo de ahogo llega el deseo de la separación.

El poeta libanés Khalil Gibran reflexionó de manera brillante sobre el tema en este fragmento de su obra cumbre *El profeta*:

«Amaos el uno al otro, pero no hagáis un
nudo del amor:
dejad más bien que sea un mar
que entre las orillas de vuestras almas
se mueva.
Llenad cada uno la copa del otro,
pero no bebáis de la misma copa.
Daos el pan el uno al otro, pero no
comáis de la misma rebanada.
Cantad y danzad juntos y sed felices,
pero dejad que cada uno de vosotros
pueda quedarse solo,
como solas están las cuerdas del laúd,
por más que la misma música las haga vibrar.
Entregaos el corazón el uno al otro, pero sin

que esto signifique el olvido de uno mismo.
Pues solo la mano de la vida puede alojar
vuestros corazones.
Y permaneced unidos, pero no demasiado juntos:
ya que las columnas del templo están
separadas.
Y ni el roble ni el ciprés crecen el uno a la sombra
del otro.

42ª Ley de las posibilidades

La pareja no debe ser un nudo que ahoga,
sino una suma de oportunidades.

Una mujer indomable

¿Quién dijo imposible?

La historia que veremos a continuación no sólo es reveladora sobre las posibilidades ilimitadas del ser humano, sino que además parece demostrar que los aventureros son longevos, ya que su protagonista, Alexandra David-Néel, vivió más de cien años, ciento uno concretamente.

Esta orientalista, escritora y exploradora, además de pianista y conferenciante, fue por encima de todas las posibilidades una empedernida viajera.

Nacida a mediados del siglo xix, se alejó como pocas mujeres de los clichés asociados a su sexo. No sólo se casó con el hombre que ella eligió, desoyendo los consejos de su familia, sino que mantuvo una amplia correspondencia con su marido a lo largo de sus innumerables viajes en solitario.

Tras aprender sánscrito, inició sus primeros contactos con el Tíbet, un país por aquel entonces totalmente hermético y prohibido a los occidentales. Con sólo 21 años, Alexandra viajó a la India, donde entabló amistad con un buen número de lamas. Y allí hubiera seguido de no quedarse sin dinero, lo que la obligó a regresar a París, sin intención alguna de casarse.

En la capital francesa empezó a ganarse la vida como profesora de música y canto. Su profesión fue lo que la llevó de nuevo a Asia, a Indochina, con la compañía de ópera de Hanói.

Cinco años después de casarse con Philippe Néel, emprendió el que sería su viaje definitivo a Ceilán, India, Nepal y Tíbet. Discípula aventajada en el monasterio indio de Lanchen, el monje superior le había enseñado las claves del budismo tibetano. Tras un duro aprendizaje, logró ser recibida por el Dalai Lama bajo el nombre de «Lámpara de la sabiduría», consiguiendo el nada despreciable honor de ser la primera mujer occidental recibida por el Papa Amarillo.

Llegaría siguiendo una ruta nunca antes explorada a Lhasa, una ciudad prohibida a los occidentales. Disfrazada para no llamar la atención, empleó tres largos años llenos de dificultades para llegar a su destino.

Está claro que para Alexandra David-Néel no existían las imposibilidades.

43ª Ley de las posibilidades

Cuando algo se nos presenta como imposible
es porque estamos llamados a demostrar lo contrario.

«El mundo está lleno de melones por abrir llamados posibilidades.»

GEORGE ELLIOT
(novelista inglesa)

Curiosidad ante todo

Tal como dijo el pastor californiano Raymond Lindquist: «El valor es poder dejar atrás lo conocido». Pese a que muchas personas desean cambiar de vida y buscan una alternativa a su infeliz realidad, sienten vértigo con sólo pensar en abandonar aquello que les resulta familiar.

Para explorar nuestras posibilidades debemos ser curiosos, lanzarnos a lo desconocido y atrevernos a pilotar nuestra propia aventura vital.

Algunas consideraciones para los que temen abandonar la tierra firme que creen pisar:

- Aunque quisiéramos detener el mundo, éste gira constantemente y todo cambia con él. Puestos a aventurarnos en una realidad que es en esencia inestable, mejor movernos nosotros antes de que la vida nos mueva.
- El agua quieta se estanca y se pudre. El movimiento y la evolución son esenciales para nuestra supervivencia intelectual.
- Una actitud inmovilista lleva a la parálisis, y muy probablemente a la apatía, la frustración y la depresión.
- Tal vez la curiosidad mate al gato, pero salva al ser humano de su propia decadencia.

44ª Ley de las posibilidades

Las oportunidades salen de sus madrigueras
cuando nos aventuramos en lo desconocido.

La joya sin precio

Un relato tradicional de Oriente Próximo habla de un viajero que, mientras cruzaba el desierto, vio a un árabe sentado al pie de una palmera. Cerca de él reposaban sus caballos, que iban cargados con valiosos objetos.

Aproximándose al árabe, le dijo:

—Te veo muy preocupado. ¿Puedo ayudarte en algo?

—Sí —respondió el árabe con tristeza—, estoy muy afligido porque acabo de perder la más preciosa de todas las joyas.

—¿Qué joya era? —le preguntó el viajero.

—Era una joya como nunca jamás habrá otra. Estaba tallada en un trozo de piedra de Vida, y se había elaborado en el taller del Tiempo. Estaba adornada por veinticuatro brillantes, alrededor de los cuales se agrupaban sesenta piedras más pequeñas. Verás que tengo razón cuando digo que jamás podrá reproducirse joya igual.

—Por mi fe —dijo el viajero— que tu joya debía de ser preciosa. ¿Pero no será posible, que con mucho dinero, se pueda hacer otra joya igual?

—La joya perdida —respondió el árabe, pensativo— era un día, y un día que se pierde, no se vuelve a encontrar.

45ª Ley de las posibilidades

Cada día es un tesoro de posibilidades
si le damos el valor que merece.

El sueño de Murakami

Lo mejor de la vida es que nunca sabemos dónde y cuándo comienza una nueva posibilidad que, al materializarse, dará un giro radical a nuestra existencia.

Éste fue el caso del más célebre escritor japonés contemporáneo, Haruki Murakami, que en una entrevista aseguraba: «Jamás tuve la intención de convertirme en novelista».

Y es que el autor de *Tokio Blues*, y otros clásicos modernos, aunque se pasó la infancia leyendo, no creía contar con las aptitudes necesarias para escribir. Por eso decidió que la música era su camino y abrió un club de jazz cerca de la estación de Sengagaya, en Tokio, donde no sólo trabajó duro durante los siete años que lo regentó, sino que aprovechó para ahorrar dinero y continuar leyendo.

No fue hasta poco antes de cumplir los treinta que sintió que debía atreverse a escribir, sin afán ninguno de convertirse en un grande de la literatura. Simplemente quería hacerlo para transmitir todo aquello que llevaba dentro.

Aunque ni sabía cómo empezar, se dijo: «Sería formidable que yo pudiera escribir como si estuviera tocando un instrumento». Y así lo hizo, imprimiendo ritmo, armonía y melodía a todas sus composiciones a través de la palabra.

Basta con leer alguna de sus novelas para notar la importancia que tiene para él la música. «Tanto en música como en ficción lo más importante es el ritmo», aseguró, y creó una cadencia y un estilo propios que le han valido innumerables premios y un reconocimiento internacional mucho más allá de lo esperado por él.

Como una posibilidad lleva a la otra, con el tiempo comprendió que había abierto el club de jazz para sumergirse en la música y descubrir a través de ella su verdadera vocación: la escritura.

46ª Ley de las posibilidades

Una posibilidad puede ser un puente
hacia nuestro verdadero destino.

La fiesta de Youtube

Muchos espectadores que han visto la película *La red social* se sorprendieron al comprobar que el origen de Facebook fuera tan fortuito e incluso banal: todo empezó una noche de aburrimiento con un programa para valorar a las estudiantes más «macizas», en palabras de su creador, Mark Zuckerberg.

Sin embargo, el mundo de la tecnología y los negocios están llenos de éxitos que no fueron premeditados, sino que surgieron a partir de una idea poco o nada ambiciosa.

Un ejemplo de ello es la plataforma web YouTube, que fue creada por el diseñador Char Hurley y los ingenieros Steve Chen y Jawed Karim. Los tres eran compañeros en la empresa PayPal y la idea surgió un día que no lograban compartir un vídeo que habían grabado en una fiesta.

Así de modesto fue el inicio.

Para cubrir esa necesidad, decidieron crear un sitio web donde la gente pudiera subir y compartir libremente sus vídeos. De este modo nació en 2005 YouTube, y en 2006 Google lo adquirió por una suma millonaria como una de sus filiales. La difusión de YouTube creció de tal manera que en 2008 el 38 % de los vídeos que se visualizaban en la red eran de su plataforma.

Hoy día podemos encontrarlos *linkeados* en cualquier web, blog o foro… e incluso se hacen conciertos exclusivos a través de este canal.

¿Quién podría haber dicho a aquellos tres compañeros que, por querer compartir el vídeo de una fiesta, acabarían introduciendo su invento en millones de hogares?

47ª Ley de las posibilidades

Las ideas que cubren una nueva necesidad
son oportunidades de éxito.

La importancia de arriesgarse

El periodista estadounidense William Arthur Ward, que escribió cientos de artículos para la popular revista *Reader's Digest* habla en este texto memorable sobre la importancia de arriesgarse para desatar el cambio y crecer como personas. Dice así:

Reír es arriesgarse a parecer un tonto.

Llorar es arriesgarse a parecer sentimental.

Recurrir al otro es arriesgarse a comprometerse.

Exponer los propios sentimientos es arriesgarse a desnudar tu verdadero yo.

Exponer tus ideas y sueños ante la multitud es arriesgarse a perderlos.

Amar es arriesgarse a no ser correspondido.

Vivir es arriesgarse a morir.

Tener esperanza es arriesgarse a desesperarse.

Intentarlo es arriesgarse a fracasar.

Pero hay que correr riesgos, porque no hay peor riesgo en la vida que no arriesgar nada. La persona que no arriesga, que no hace nada, que no tiene nada… no es nada. Tal vez evite el sufrimiento y el dolor, pero no aprenderá, no sentirá los cambios, no crecerá ni vivirá verdaderamente.

Encadenado a su miedo, es un esclavo que ha perdido toda libertad. Sólo quien corre riesgos es libre. El pesimista se queja del viento, el optimista espera que cambie, y el realista ajusta las velas.

48ª Ley de las posibilidades

El riesgo es el abono de las oportunidades.

Posibilidades cuánticas

La física cuántica trabaja a partir de posibilidades. Una partícula subatómica, antes de definirse, está en todas partes y a la vez en ninguna. Aunque nos cueste asimilar esta idea, así es como funciona el mundo de lo más pequeño… y quizá también el de lo más grande.

Según algunos teóricos, hay infinitos universos paralelos al nuestro donde están sucediendo todas las posibilidades a la vez. En uno de ellos, querido lector, usted está ganando cinco medallas en los Juegos Olímpicos.

Sin embargo, los universos paralelos también son un espejo de nuestras posibilidades a escala humana.

Haga el ejercicio de imaginar otra vida que usted podría estar llevando ahora mismo si las elecciones que hubiera realizado fueran otras.

A continuación, pregúntese en qué universo de posibilidades quiere vivir.

49ª Ley de las posibilidades

Hay otros universos de posibilidades,
pero están en ti.

«Hay que dejar el pesimismo
para tiempos mejores
y el optimismo para los peores.»

PERE CASALDÀLIGA
(misionero en Brasil)

Los 7 hábitos

En *Los siete hábitos de las personas altamente efectivas*, Stephen R. Covey afirma que para convertirnos en quienes deseamos ser debemos implantar en nuestra vida los hábitos correctos, analizar nuestros objetivos y decidir cuál será nuestra meta e ir a por ella como «la» prioridad.

Veamos cuáles son en esencia estos hábitos que nos permiten materializar nuestras posibilidades:

1. Sea proactivo. Acostúmbrese a actuar en lugar de reaccionar.
2. Empiece con el fin en mente. ¿Qué dirá la gente de usted el día de su funeral? Tener una misión en la vida ayuda a clarificar objetivos.
3. Ponga primero lo primero. La efectividad depende de saber establecer prioridades.
4. Piense en ganar-ganar. Su éxito no debe depender del fracaso de otros.
5. Busque primero comprender, y sólo luego ser comprendido. No puede haber influencia sin empatía.
6. Practique la sinergia. Hay «terceras alternativas» que no afloran en un primer análisis.
7. Afile la sierra. Para incrementar la productividad, debemos equilibrar las dimensiones física, mental, espiritual y social de nuestra vida.

50ª Ley de las posibilidades

Unos hábitos efectivos nos
ayudan a hacer realidad nuestros proyectos.

El pilar de la actitud

El pastor, maestro y escritor estadounidense Charles Swindoll ponía en primer lugar la actitud como clave para aprovechar las oportunidades que la vida pone en nuestro camino. En uno de sus discursos más célebres, habló así:

«Cuanto más tiempo vivo, más me doy cuenta del impacto de la actitud en la vida. La actitud, para mí, es más importante que los hechos. Es más importante que el pasado, que la educación, que el dinero, que las circunstancias, que el fracaso, que los éxitos, que lo que otras personas piensan, dicen o hacen. Es más importante que la apariencia, el talento o la habilidad. Es hacer o deshacer una empresa, una iglesia, una casa... Lo notable es que tenemos elección todos los días respecto a la actitud que adoptaremos. No podemos cambiar nuestro pasado ni cómo actuará la gente. No podemos cambiar lo inevitable. Lo único que podemos es jugar con lo que tenemos, y eso es nuestra actitud. Estoy convencido de que la vida es el 10 % lo que me pasa y el 90 % cómo reacciono ante ella.»

51ª Ley de las posibilidades

La actitud es el árbitro entre el triunfo
o el fracaso de nuestras acciones.

Brainstormings afortunados

Grandes ideas han nacido de un *brainstorming*, que no deja de ser una lotería de posibilidades que se exponen de forma libre y a menudo disparatada para ver si aflora la idea que se busca. Muy utilizado en el mundo de la publicidad para hallar eslóganes o incluso el nombre de un nuevo producto o servicio, a continuación veremos cómo se llegó al concepto de «Twitter» y al de «2.0».

Sobre la primera, todos conocemos esta red social basada en el *microblogging* que Jack Dorsey creó en 2006, pero ¿cómo nació su pegadizo nombre que todos identificamos con el pajarito de color azul?

Pues nada menos que de una sesión de *brainstorming*. Un grupo de empleados de la compañía de internet Odeo se reunieron para estrujarse el cerebro hasta conseguir un nombre pegadizo para el nuevo proyecto. Sabían lo que buscaban: un nombre que fuera pegadizo y que encajara con el zumbido que oímos al recibir un mensaje o actualización en el móvil. Tras escribir las propuestas, pasaron la gorra y todos depositaron sus ideas en ella.

Las mejores ideas fueron Jitter y Twitter, pero el poderoso azar se decantó por nuestro querido pájaro azul.

En cuanto al concepto «2.0», surgió de la empresa O'Reilly Media, que necesitaba un nombre fresco para el nuevo concepto web que estaban diseñando. Se habían dado cuenta de que necesitaban rebautizarla antes de implantar los cambios que pensaban hacer, así que se reunieron para una sesión de *brainstor-*

ming en la que un grupo de ejecutivos de la empresa decidieron el popular nombre de web 2.0.

¿Ha considerado los beneficios de un *brainstorming* con su pareja o amigos para diseñar nuevos rumbos? ¿Qué le parecería bautizar con un nuevo nombre la etapa que está a punto de iniciar?

52ª Ley de las posibilidades

El *brainstorming* agita las posibilidades y despierta el volcán de la creatividad.

El dios de las seis caras

Una técnica más radical que el *brainstorming*, donde al fin y al cabo elegimos entre un cúmulo de posibilidades más o menos absurdas, es la que constituye el argumento de la novela *El hombre de los dados*.

George Cockcroft publicó en 1971 este libro bajo el pseudónimo del psiquiatra protagonista: Luke Rhinehart. La historia empieza de forma bastante simple: un psiquiatra con mujer e hija, harto de seguir una vida burguesa y acomodada, decide aplicarse a sí mismo una nueva técnica que aconseja a sus pacientes para atreverse a cambiar sus vidas: el azar de los dados.

De este modo Rhinehart se convierte en el hombre aleatorio y su vida entra en un plano en el que todo es posible según la voluntad de los dados. Este método revolucionario para tomar decisiones, que tuvo sus seguidores entre los lectores de la novela, parte de la idea de que estamos limitados por nuestros gustos, creencias y prejuicios.

Con el azar de las seis caras, es decir, obedeciendo lo que marca el dado entre una lista de seis opciones, descubre nuevos horizontes de la vida y hace cosas que no se hubiera atrevido a imaginar.

Todos nos planteamos cambiar en algún momento, el caso es si nos atrevemos a hacerlo y cómo lo haremos. Cuando nos preguntamos cómo hemos llegado hasta donde estamos, cómo tomamos las decisiones que nos trajeron hasta este punto, también nos cuestionamos: ¿fueron debidamente pensadas o también fueron aleatorias?

No podemos regir todas las decisiones de nuestra vida por los dados, como el protagonista de la novela, que se convirtió en una auténtica obra de culto y ha inspirado a grupos musicales como The Cure.

De vez en cuando, sin embargo, es un buen ejercicio renunciar al control y dejar en manos del azar una decisión que no sea crucial. Para ello anotaremos en un papel seis opciones muy distintas y lanzaremos el dado con el compromiso de llevar a cabo lo que salga.

53ª Ley de las posibilidades

Cuando no sepamos qué hacer
dejemos que el azar decida por nosotros.

De oficio, visionario

Uno de los personajes del siglo xx que está siendo redescubierto últimamente es el inventor serbio Nikola Tesla. Además de ser autor de múltiples patentes, está considerado el padre de la electricidad comercial e incluso de la radio, pese a que inicialmente se atribuyera a Marconi ese honor. Sin embargo, Tesla no sólo fue un genio de la innovación cuyos diseños tuvieron repercusión industrial. También fue un visionario de lo que a principios del siglo pasado parecía sólo el sueño de un loco, pero que ha acabado haciéndose realidad.

En 1909 concedió una entrevista al *New York Times* en la que vaticinaba las comunicaciones sin cable, algo de ciencia-ficción para la tecnología de la época, pero que hoy tiene su traducción en los móviles de última generación:

«Pronto será posible, por ejemplo, que un hombre de negocios en Nueva York dicte instrucciones y que éstas aparezcan instantáneamente escritas en Londres o cualquier otro lugar. Este hombre podrá hacer llamadas desde su escritorio y hablar con cualquier persona en el mundo suscrita al teléfono. Solamente será necesario llevar un instrumento no muy caro, no más grande que un reloj, el cual permitirá a su portador escuchar en cualquier sitio, ya sea en tierra o agua, a distancias de miles de millas [...] la canción de un cantante, el discurso de un líder político, el sermón de una importante personalidad religiosa, la conferencia de un hombre de ciencia, todos podrán tener una audiencia repartida por todo el mundo.»

54ª Ley de las posibilidades

Si crees que es imposible,
probablemente estás equivocado.

Serendipias

De los caprichos del azar a las casualidades afortunadas. Una serendipia es un descubrimiento inesperado, producto de la suerte, que será significativo más adelante.

El término «serendipia» proviene de la palabra inglesa *serendipity*, acuñada en 1754 por Horace Walpole tras leer el cuento persa *Los tres príncipes de Serendip*, donde los protagonistas solucionaban sus problemas gracias a coincidencias. Las serendipias son bastante comunes en la historia de la ciencia y de la literatura. Muchos autores han imaginado o definido cosas que se ha demostrado con posterioridad que existen. Algunos de los ejemplos más célebres de «casualidades afortunadas» son:

El descubrimiento de América, dado que Colón pretendía llegar a las Indias.

En su novela *Los viajes de Gulliver*, Jonathan Swift describió dos lunas orbitando alrededor de Marte, aunque la óptica no permitió descubrir los dos satélites marcianos —Fobos y Deimos— hasta un siglo y medio después.

En *Las aventuras de Arthur Gordon Pym*, Edgar Allan Poe relata un naufragio del que quedan cuatro supervivientes en una balsa. Desesperados por el hambre, se ven obligados a echar a suertes cuál de ellos van a comerse. El perdedor es el grumete Richard Parker. Treinta y cuatro años después de la publicación de esta novela, una goleta británica naufragó cerca de las islas Sándwich con cuatro supervivientes.

Al sortear a quién debían matar para que los demás pudieran comer, el desafortunado fue un joven llamado Richard Parker.

55ª Ley de las posibilidades

Cuando el azar cobra sentido,
debemos escuchar su mensaje.

Los principios de Jefferson

Thomas Jefferson fue el tercer presidente de Estados Unidos y uno de los padres fundadores de la patria. Este político ilustrado conocía a muchos intelectuales de Gran Bretaña y Francia, aunque a la hora de aconsejar a su pueblo era claro y meridiano. Para las personas que nadan en la confusión y les cuesta escoger sus posibilidades, estos 10 principios para una buena vida siguen tan vigentes hoy como hace dos siglos:

1. Nunca dejes para mañana lo que puedas hacer hoy.
2. Nunca molestes a otro con algo que puedas hacer por ti mismo.
3. Nunca gastes el dinero antes de que lo tengas.
4. Nunca compres lo que no quieres sólo porque sea barato.
5. El orgullo nos sale más caro que el hambre, la sed y el frío.
6. Nunca nos arrepentiremos de haber comido demasiado poco.
7. Nada es difícil si lo hacemos de buen grado.
8. ¿Cuánto dolor nos han causado las desgracias que nunca han sucedido?
9. Tómate las cosas siempre por su lado amable.
10. Cuando estés enfadado, cuenta hasta diez antes de hablar; si estás muy enfadado, cuenta hasta cien.

56ª Ley de las posibilidades

Unos principios sólidos
nos ayudan a tomar decisiones
que no resulten dañinas para nosotros
ni para los demás.

«*Con amor y paciencia,
nada es imposible.*»

DAISAKU IKEDA
(budista japonés)

Cuento del pescador y las piedras

Hay un relato de Osho que ilustra cómo las ideas preconcebidas anulan nuestras posibilidades.

Cuenta que una mañana temprano, antes de la salida del sol, un pescador fue al río. Cerca de la orilla sintió algo debajo de sus pies, y descubrió que era una pequeña bolsa de piedras. Recogió la bolsa y echando la red a un lado, se acuclilló a la orilla del agua, esperando la salida del sol.

Estaba esperando la luz del día para iniciar su trabajo diario cuando, perezosamente, tomó una piedra de la bolsa y la lanzó al agua.

«Plop», se oyó en el agua.

Entretenido con el sonido, lanzó otra piedra. Al no tener otra cosa que hacer, siguió lanzando las piedras, una tras otra...

Poco a poco el sol se levantó. Llegó la luz. Ya para entonces había lanzado todas las piedras, excepto una. La última piedra estaba en su palma. Su corazón casi le falló cuando, a la luz del día, vio lo que tenía en la mano.

¡Era una piedra preciosa! En la oscuridad, había arrojado muchas de ellas. ¡Cuánto había perdido sin darse cuenta!

Lleno de remordimientos, se maldijo a sí mismo, sollozó y casi enloqueció de pesar. Por accidente, se había encontrado con una gran riqueza que podría haberle proporcionado un extraordinario bienestar en su vida. Pero sin darse cuenta, la había perdido en medio de la oscuridad.

Y, sin embargo, era afortunado, pues aún le quedaba una gema: la luz había llegado antes que arrojara la última «piedra».

57ª Ley de las posibilidades

Antes de desechar algo o a alguien
debemos comprobar su valor.

¿Diga?

La necesidad crea las posibilidades, como demuestra la historia del inventor del teléfono, Graham Bell, que creció en una familia dedicada a la enseñanza de la locución.

Su familia vivía en una casa de Edimburgo, Escocia, y estuvo marcada por la temprana sordera de su madre, para la que inventaron un lenguaje de signos. Esto mismo llevó a Graham a estudiar acústica.

Ambos hermanos del inventor morirían de tuberculosis en una época negra plagada de dificultades.

Bell era un espíritu sensible que aprendió a tocar solo el piano y sabía ventriloquia. De niño no había sido buen estudiante, pues sólo atendía a las clases que le interesaban, pero acabó estudiando en las universidades de Edimburgo y Toronto.

Graham se concentró en la experimentación con la electricidad para transmitir el sonido. El resto de la historia ya la conocemos, ¿quién no tiene un teléfono en casa? Sin embargo, lo más curioso fue que cuando Bell empezó a ofrecer su invento, un ejecutivo de la Western Union lo calificó como «un aparato sin valor con el que nadie desearía comunicarse, pues ¿quién querría hablar con alguien a quien no ve?».

Afortunadamente, no todas las personas pensaron así. Gracias a ello podemos hablar unos con otros por mucha distancia que nos separe.

58ª Ley de las posibilidades

Adelantarse a su tiempo es la principal
tarea de los visionarios.

Sombreros para pensar

El maltés Edward de Bono es considerado la máxima autoridad en temas de pensamiento lateral aplicados a la creatividad. En su libro *Seis sombreros para pensar* propone un método metafórico en el que el cerebro piensa de formas distintas según el color del sombrero que nos ponemos, ya que cada uno aporta una estrategia distinta para solucionar un problema.

Se identifican los colores con las distintas posibilidades a la hora de pensar, según el enfoque con el que el cerebro puede ver la realidad:

1. Sombrero blanco. Visión neutral de los hechos tal como los vemos.
2. Sombrero rojo. Cuando nos lo ponemos, adoptamos una mirada visceral, instintiva y emocional.
3. Sombrero negro. La lógica aplicada a encontrar barreras, es decir, al juicio negativo.
4. Sombrero amarillo. La lógica aplicada a encontrar soluciones, juicio positivo.
5. Sombrero verde. Nos procura el don de la investigación, del pensamiento creativo.
6. Sombrero azul. Permite pensar sobre el pensar, nos hace conscientes del proceso de control.

Con estos seis sombreros que nos ponemos metafóricamente pueden realizarse distintos ejercicios para abordar todos los enfoques y posibilidades que ofrece un problema.

Las secuencias suelen empezar y terminar con el sombrero azul. Por ejemplo: para trabajar una idea que acaba de surgir utilizaríamos el itinerario azul, blanco, verde, azul. Para identificar una solución: azul, blanco, negro, verde y azul.

Le propongo que, cada vez que se encuentre atascado, recurra a estos sombreros mágicos que nos permiten trabajar como si tuviéramos seis cabezas distintas.

59ª Ley de las posibilidades

Un cambio en nuestra forma de pensar
permite ver nuevas posibilidades
donde aparentemente no había ninguna.

Las cuatro vías del apache

De forma mucho menos analítica, pero igualmente útil, la tribu de los apaches hablan en su tradición de cuatro grados de pensamiento a la hora de afrontar un problema. Para quien quiere llegar a algún sitio, éstas son las posibilidades que nos ofrece la mente:

La primera es ir inmediatamente al primer pensamiento. No es una buena idea, si lo piensa bien.
Si piensa, ya ha elegido la segunda manera.
La tercera es pensarlo, pero no actuar todavía.
Si lo piensa por cuarta vez, entonces estará bien hecho. A veces hay que darse todo un día para hallar la solución a un problema.

60ª Ley de las posibilidades

Algunas posibilidades deben ser maduradas
antes de que se conviertan en acción.

Vivir sólo un día a la vez

«Hay dos días en cada semana por los que no deberíamos preocuparnos: dos días que deberían estar libres de miedo y aprensión.

Uno de ellos es ayer, con sus errores y aciertos, con sus heridas y dolores. ¡El ayer ha pasado para siempre y no hay nada que podamos hacer!

Todo el dinero del mundo no puede deshacer ni uno solo de nuestros actos; no podemos borrar una sola palabra de las que hemos dicho. ¡El ayer ya se ha ido!

El otro día por el que no debemos preocuparnos es mañana, con sus exigencias, promesas y problemas.

Tampoco el mañana está en nuestra mano.

Eso nos deja sólo un día: hoy.

Cualquier persona puede batallar por un día.

Por lo tanto, ¡vivamos sólo un día a la vez!»

Richard Moore

61ª Ley de las posibilidades

Las oportunidades también se encuentran en el lugar donde nos encontramos: AQUÍ.

Soñar nuevas posibilidades

Los sueños han tenido un papel fundamental en la historia de la ciencia, como ahora mismo comprobaremos. Eso nos hace plantearnos la pregunta: ¿cómo trabaja nuestra mente?

En ocasiones, cuando nos esforzamos mucho ante una incógnita, frente a un problema al cual buscamos solución sin resultado, lo que necesitamos es dar reposo a nuestra mente para que el inconsciente venga en nuestra ayuda y nos ofrezca la respuesta.

El químico Friedrich Kekulé llevaba mucho tiempo trabajando en la estructura molecular del benceno hasta que un día, regresando a casa en autobús, se quedó dormido. En el sueño aparecieron varios átomos que formaron una serpiente que hacía eses. De repente ésta se mordió la cola haciendo despertar al científico con la respuesta: ¡se trataba de un compuesto cíclico!

Algo semejante le ocurrió a Niels Bohr, quien estaba inmerso en la búsqueda de la configuración del átomo cuando se quedó dormido mientras trabajaba. En su sueño vio claramente el posible modelo de lo que estaba buscando. Al despertar tomó papel y lápiz y se puso a dibujarlo sin dilación, pues había encontrado la solución que cambiaría nuestra visión del átomo.

Un tercer ejemplo de sueños y nuevas posibilidades lo tenemos en Mendeléyev, quien llevaba varias noches en vela tratando de desentrañar el misterio del orden de la tabla periódica. Aquello estaba agotando sus fuerzas, hasta que un día cayó profundamente dormido. En su sueño vio todos los elementos en su lugar.

Al despertar ya tenía la solución, y pudo plasmar toda la tabla en un papel, en el que posteriormente sólo tuvo que aplicar algunas correcciones.

62ª Ley de las posibilidades

Incluso cuando estamos durmiendo,
nuestra mente sigue fabricando posibilidades.

«Para mejorar nuestra vida
sólo hay que seguir tres pasos:
1. Comenzar de inmediato.
2. Pensar a lo grande.
3. Actuar sin más excusas.»

WILLIAM JAMES
(estudiante prodigio estadounidense)

¿Qué es un cisne negro?

El profesor en Ciencias de la Incertidumbre de la Universidad de Massachusetts, Nassim Nicholas Taleb, explicó en su libro *El cisne negro* el fenómeno mental que atrapa a los seres humanos en una realidad cuadriculada y falseada.

Para este científico nacido en el Líbano, tendemos a reducir la complejidad del mundo a una realidad simple construida por nosotros mismos a partir de lo que creemos saber de lo que nos rodea, a lo que damos como verdadero.

Sin embargo, existen otras posibilidades más allá de ese estrecho horizonte mental.

En su ensayo pone como ejemplo el descubrimiento en 1697 del cisne negro en Australia, cuando todos creían que el cisne sólo podía ser blanco basándose en las pruebas empíricas de su realidad. Utilizando esta ave también de forma alegórica, un cisne negro es un suceso que presenta tres características, según Taleb:

- causa gran impacto
- es difícil de predecir
- sobrepasa las expectativas aceptadas

Esto último explica el efecto Facebook o el éxito inusitado de la empresa sueca IKEA. Estos fenómenos totalmente inesperados demuestran nuestra incapacidad para predecir acontecimientos que llegan a cambiar el futuro, pues para nuestras mentes racionales es más cómoda una realidad ordenada donde todo es previsible.

63ª Ley de las posibilidades

Las posibilidades inesperadas
son las que tienen más impacto.

Cuento del ganso y las dudas

Este relato atribuido a Shien Yi Pen demuestra cómo dudar entre varias posibilidades puede hacernos fracasar antes de haber conseguido nada.

Sus protagonistas son dos hermanos que, al ver aproximarse una bandada de gansos salvajes, prepararon sus arcos.

—Si cazamos uno de esos gansos —dijo uno de ellos— lo comeremos bien adobado.

—No —dijo el otro—, eso es bueno para preparar los gansos cazados en tierra, pero los muertos en pleno vuelo deben asarse.

Para solucionar esta discusión, se dirigieron al jefe de la aldea, quien aconsejó:

—Cortad el ganso por la mitad y así cada cual puede prepararlo a su gusto.

Pero cuando los dos cazadores estuvieron listos para disparar, los gansos ya se habían perdido en el horizonte.

64ª Ley de las posibilidades

La duda dilatada entre dos posibilidades
hace que la oportunidad se esfume.

Unir los puntos

En su célebre discurso pronunciado en Harvard, Steve Jobs explicaba su azarosa trayectoria vital, llena de vuelcos y nuevas posibilidades.

A los 12 años, en el instituto, Jobs vio su primer ordenador. Los ingenieros de Hewlett Packard lo habían llevado como muestra y se quedó impresionado. Fue entonces cuando supo que le interesaba la informática por encima de todo.

Logró llegar a la universidad, pero a causa del elevado precio de la matrícula no pudo pagarse los estudios. Aun así, asistió como oyente a algunas clases, especialmente a la de caligrafía, algo que de entrada parecía inútil pero que le serviría más adelante para crear la tipografía para Mac.

Según Jobs, hay cosas de las que sólo después entendemos su sentido, cuando unimos los puntos.

Apple nació cuando Steve creó el primer prototipo de ordenador personal junto a su compañero Steve Wozniak, aunque fue rechazado por Packard.

Jobs empezó a mostrar su ordenador en las ferias y, antes de que pudieran darse cuenta, las ventas crecieron como la espuma.

En un lance propio de novela de Dickens, las mismas personas que había contratado para que llevaran la empresa, y que ahora formaban la cúpula directiva, le despidieron en 1985.

Con 30 años y su sueño de infancia hecho trizas, en lugar de hundirse decidió continuar haciendo lo que mejor se le daba, imaginar el futuro, y puso en marcha Pixar, que estrenó con enorme éxito *Toy Story*.

Mientras tanto Apple había entrado en una peligrosa decadencia que amenazaba con su desaparición, lo que provocó que en 1997 Jobs regresara a la empresa como director ejecutivo.

En esta segunda etapa, Steve impulsó productos que han modelado nuestro tiempo, como el iPod, el iPhone o el iPad.

Tuvo que seguir un camino lleno de accidentes para llegar hasta allí, pero todos ellos resultaron necesarios y formativos. Al final, se trataba de unir los puntos para ver el dibujo completo.

65ª Ley de las posibilidades

Algunos acontecimientos sólo se comprenden
cuando logramos unir los puntos.

El secreto del té ahumado

El apreciado té ruso Lapsan Souchong, el favorito del detective Sherlock Holmes, adquirió su particular sabor ahumado por un fortuito accidente que se produjo en un viaje de China a Rusia. En 1689, Rusia y China firmaron un tratado de acuerdo para delimitar sus fronteras comerciales, y el embajador mandarín regaló al zar Alexis varios cofres de té. Sin embargo, el té tenía que viajar durante mucho tiempo antes de llegar a su destino, primero cargado en mulas a través de las montañas, después en camellos por el desierto de Gobi.

Estas caravanas viajaban todo un año antes de llegar a su destino, ya que debían completar una ruta comercial en la que se intercambiaban pieles, sedas y hierbas a través de Mongolia y Siberia.

Durante todo este tiempo, el té iba guardado en sacos, y cada noche, cuando montaban el campamento y encendían las hogueras, a las hierbas les llegaba el humo dándoles su aroma característico.

Lo que en principio estaba estropeando las hojas, se convirtió en la principal característica del té ruso, que pronto se convirtió en un verdadero artículo de lujo.

Alguien supo ver las posibilidades a aquel sabor ahumado. Cuando llegó el ferrocarril transiberiano en el 1800, esta especialidad se popularizó en todo el mundo.

66ª Ley de las posibilidades

En todo lo raro hay el embrión
de una nueva oportunidad.

Desechar los errores

Nuestra felicidad depende, a menudo, más de las cosas que no hacemos que de las que sí hacemos. Sobre esto, el filósofo y orador romano Cicerón hablaba de 6 errores comunes que nos generan problemas y desasosiego mental:

1. La ilusión de que la ganancia personal se obtiene aplastando a otros.
2. La tendencia a preocuparse por cosas que no se pueden cambiar o corregir.
3. Insistir en que algo es imposible porque no podemos cumplirlo.
4. Rehusar desprendernos de preferencias triviales.
5. Desatender el desarrollo y purificación de la mente, así como el hábito de leer y estudiar.
6. Intentar que otros vivan como nosotros y tengan nuestras creencias.

67ª Ley de las posibilidades

Tomar conciencia de lo que no debemos hacer
es más útil que cualquier triunfo.

Coco Chanel

Pocas historias de superación y posibilidades son tan impactantes como la de quien ha acabado siendo el mayor icono de la moda: Coco Chanel.

Gabrielle Chanel nació en un hospicio de Saumur, hija ilegítima de un vendedor ambulante y una ama de casa. A los doce años fue internada en un orfanato, a la muerte de su madre y tras ser abandonada por su progenitor.

Allí no perdió el tiempo, ya que aprendería a coser con especial habilidad, lo que le procuró su primer empleo como costurera. Pero el dinero no le alcanzaba para mantenerse, así que decidió convertirse en cantante de cabaret, de donde le sobrevino el nombre de Coco.

Desempeñó el oficio unos cuantos años, con la intención de conocer a algún hombre que la ayudara en su sueño de diseñar y vender su propia moda.

Los amantes se sucedieron hasta que pudo instalarse en un pequeño apartamento parisino y abrir su primera tienda de sombreros, Modas Chanel, sufragada por Etienne Balsan, quien poco después le presentaría a Boy Capell, quizás uno de los hombres que más influyeron en su vida.

Ayudada económicamente por sus dos compañeros de alcoba, finalmente logró abrir en París, en la Rue Cambon, la primera Casa Chanel. Poco faltaba para que se convirtiera en la gran dama de la moda.

Dispuesta a romper esquemas y abrir nuevas posibilidades, eliminó de sus diseños todo aquello que impedía a la mujer moverse con naturalidad, además de recurrir a tejidos hasta entonces nunca utilizados.

Sus prendas sencillas y con líneas rectas acabaron por dar un toque de distinción a sus portadoras. «La moda pasa, el estilo permanece» fue una de sus más conocidas sentencias, y en ese principio basó todas sus colecciones. Los diseños de ropa, junto al éxito que tuvo su famoso perfume Chanel Nº 5, hicieron de ella la reina indiscutible de la moda en el siglo xx.

Su humilde pasado de costurera en el orfanato no le impidió llegar a lo más alto. Todo lo contrario: fue un acicate para romper barreras sociales, morales y estéticas.

68ª Ley de las posibilidades

No importa de dónde venimos,
sino adónde nos dirigimos.

La invención del sándwich

El bocadillo o emparedado tiene un origen tan caprichoso como insólito. Recibió su nombre por John Montagu, IV conde de Sandwich, que vivió ociosamente durante el siglo XVIII. Este hombre era aficionado sobremanera a las partidas de cartas. En una ocasión, alargó una partida durante más de 24 horas, de tal modo que su contrincante estaba muerto de hambre y rogó por favor que la detuvieran para comer.

Montagu, que no quería parar la partida por nada del mundo, pidió a su criado que preparara algo que pudieran comer allí mismo. Tras echar un rápido vistazo a la despensa, ordenó que cortaran pan y pusieran carne y mostaza entre dos rebanadas para poder cogerlo con las manos.

De este modo nació la que se convertiría en su comida predilecta, ya que podía comer y jugar al mismo tiempo.

Desde entonces el sándwich se ha extendido a todo el mundo, y parece ser la única opción que ofrecen las cafeterías de los aeropuertos.

Y todo porque un conde ocioso no quería soltar las cartas.

69ª Ley de las posibilidades

Todo lo que resulta útil
se convierte en una oportunidad.

«Seamos el cambio
que queremos ver en el mundo.»

MAHATMA GANDHI
(activista y político indio)

Una oportunidad de cine

Uno de los guaperas que marcó las décadas de los setenta y los ochenta, Harrison Ford, no vio cumplido su sueño hasta obtener una segunda oportunidad.

Este chico humilde nacido en Chicago deseaba ser actor y dio sus primeros pasos en el séptimo arte, pero sólo obtuvo papeles insignificantes y mal pagados.

Su primer hijo iba a nacer y necesitaba encontrar un empleo que les diera de comer, así que abandonó su vocación y se dedicó a la carpintería. Nunca imaginó que este modesto oficio sería justamente lo que le permitiría triunfar en el plató.

Empezó a trabajar de carpintero para la Universal y allí conoció a un joven George Lucas, quien por aquel entonces se iniciaba como director. A partir de aquí la rueda de las posibilidades empezó a girar. Al saber de su anterior carrera como actor, Lucas le propuso el papel de Bob Falfa en su película *American Graffiti*.

La película no obtuvo un éxito espectacular, así que después del rodaje Harrison continuó con su trabajo como carpintero, ya que había nacido su segundo hijo. Aun así, mantuvo su amistad con Lucas que, mientras realizaba los *casting* para *Star Wars* le propuso que le ayudase con la selección.

Tras no encontrar ningún candidato que le gustase para Han Solo, el director le acabó adjudicando el papel que le haría mundialmente famoso.

El sueño del carpintero se había cumplido finalmente.

70ª Ley de las posibilidades

En la vida hay cosas
que no salen a la primera.

Pasado y hundido

Los pesimistas y los pesados en general tienen especial fijación en hacernos notar la decadencia en la que vivimos. Siguiendo el tópico de que «cualquier tiempo pasado fue mejor», critican a los jóvenes de hoy en día, lamentan la inseguridad en las calles, la falta de ética, etcétera, etcétera. Como si este mundo hubiera sido alguna vez un paraíso. Con esta actitud negativa lo único que consiguen es reducir las posibilidades de hacer algo de provecho. Jostein Garder, el autor de *El mundo de Sofía*, afirmaba sobre esta cuestión que «yo soy optimista, porque en el fondo los pesimistas son unos vagos».

El periodista británico Max Hastings llegó a las siguientes conclusiones sobre la idealización de los tiempos pretéritos:

«Nunca envidies el pasado. Mucha gente tiene la idea absurda de que antaño el mundo era un lugar más fácil, seguro y cómodo. Cualquier persona que sepa un poco de historia sabe que esto es un engaño. En todos los aspectos —salud, prosperidad, seguridad— [...] el mundo occidental de hoy es privilegiado. Deberíamos estar agradecidos y encontrar el valor de nuestros antepasados para enfrentarnos a problemas que son diferentes de los que ellos tuvieron, pero que honestamente no son peores.»

71ª Ley de las posibilidades

El presente es mejor que cualquier otro tiempo,
ya que es el único que tenemos.

Amazon.com

En un mundo en constante cambio, el primero que considera una nueva posibilidad ha ganado la partida.

Éste fue el caso de Jeff Bezos, un licenciado en Ingeniería Eléctrica e Informática en Princeton que trabajó para una compañía de fibra óptica y en Wall Street. Sin embargo, no fue hasta un viaje que realizó por Seattle y Nueva York en 1994 que decidió fundar su propia empresa: Cadabra.com.

Sabía que internet pronto estaría presente en todos los mercados, y buscó qué artículos eran los más buscados y cuáles podría ofrecer por correo. Tras esta investigación, se mudó a Seattle donde contactó con un mayorista y buscó una casa con garaje.

Cadabra.com era una librería *on-line* que contaba con más de 200.000 títulos que podían solicitarse por correo electrónico. Poco después la rebautizó como Amazon, por el río Amazonas. Así consiguió de paso que fuera una de las primeras webs del listado, puesto que por aquel entonces se ordenaban alfabéticamente.

Al poco tiempo ya recibía miles de visitas y en un año había multiplicado sus beneficios por veinticinco.

Hoy día Amazon no sólo vende libros, sino que ofrece prácticamente de todo. Según explica Bezos, es la compañía más centrada en el cliente que existe, ya que incluso detecta sus gustos y le va ofreciendo productos afines.

El secreto de Jeff Bezos, a la hora de crear la tienda *on-line* más importante del planeta, fue pensar con antelación sobre el mundo que viene y las nuevas necesidades de los clientes.

72ª Ley de las posibilidades

Quien se adelanta a una tendencia,
tendrá un papel predominante en ella

Tempus fugit

Jerry Seinfeld es para muchos el cómico y monologuista más brillante de las últimas décadas. La serie que lleva su apellido, donde se interpreta a sí mismo, ha tenido millones de seguidores en infinidad de países. En esta divertida reflexión habla de un tema muy serio: el uso que hacemos del tiempo, la única riqueza que no admite reposición:

«La vida es un viaje, eso es bien cierto. Todos lo hemos empezado y nadie lo puede detener. En el momento en que el médico te da un golpecito en la espalda, lo que hace en realidad es validarte el billete y, hale, empiezas la marcha. Mientras viajas de la juventud a la madurez y de la madurez a la vejez, a veces levantas los brazos y gritas, y a veces dejas pasar el tiempo sentado en el bar de delante de tu casa. Pero el viaje de la vida no se detiene (...) Evidentemente todos intentamos ahorrar tiempo: buscamos la distancia más corta, tomamos atajos. Pero da igual, por mucho que ahorres el tiempo, al final de la vida no recuperarás todos esos segundos que has ido acumulando (...) Porque cuando pierdes tiempo en la vida, te lo restan. Por ejemplo, si miras todas las películas de *Rocky*, todos esos minutos te los quitan. Por eso hay que ir con cuidado. Puedes tomar el Concorde para ir a Europa, pero si durante el trayecto ponen *Los albóndigas en remojo*, vuelves a estar en el punto donde te encontrabas.»

73ª Ley de las posibilidades

Lo único que no admite devolución
es el tiempo mal invertido.

El método Leonardo

En la vida de todas las personas hay momentos en los que nos sentimos bloqueados y no sabemos qué camino seguir. Es entonces cuando perdemos de vista nuestras posibilidades y nos asalta la angustia.

Genios tan imperecederos como Leonardo da Vinci han pasado también por esta situación. El florentino incluso nos da un remedio para romper estos estados y recuperar la creatividad y la frescura:

«De vez en cuando sal a dar un paseo y relajarte un poco. Seguro que cuando vuelvas a tu trabajo, tu juicio será más preciso, pues cuando permanecemos constantemente en la tarea perdemos perspectiva. Cuando tomas un poco de distancia, el trabajo parece menor y podemos ver más fácilmente si hay una falta de armonía o proporción.»

Podemos aplicar este consejo a nuestra vida cotidiana tomando breves respiros creativos —estar pegado a Facebook no es un respiro— en medio del trabajo, reservándonos un espacio diario para una actividad artística, o simplemente regresar a casa a pie después de una larga jornada para poner nuestras ideas a refrescar.

Como decía el poeta Ovidio: «Tómate un respiro; el campo que ha reposado da una cosecha más abundante».

74ª Ley de las posibilidades

A veces debemos detenernos
para que las posibilidades puedan alcanzarnos.

Principio

Sí, no ha leído mal, estimado lector. El último capítulo de *El libro de las posibilidades* no es un final sino un principio. Una obra termina y otra empieza, la que usted trazará con sus propios pasos a partir de ahora.

Hemos explorado la infinidad de caminos del ser humano, que a menudo se empeña en ver un solo carril frente a sus pies. Ahora ya sabe que eso no es así.

Está todo por hacer y no hay nadie mejor que usted para diseñar los senderos de su vida a partir de ahora.

Atrévase a soñar. Escriba en una hoja de papel todo lo que desearía haber hecho y aún no ha realizado. Elabore un plan poniendo en primer lugar lo que tiene que ir primero.

Comprométase.

Crea en sus posibilidades, pero empiece ahora mismo a hacerlas realidad.

Preparados, listos, ya.

Le deseo un buen viaje.

75ª Ley de las posibilidades

La oportunidad reside en el ahora.

«La peor tentación humana
es aspirar a demasiado poco.»

THOMAS MERTON
(monje y pensador estadounidense)

Albert Liebermann es editor y periodista especializado en psicología y espiritualidad. Entre sus obras destacan las antologías *365 Zen* y *375 Tao*, que han sido traducidas a diversos idiomas, así como *El árbol de los haikus*, que se ha reeditado numerosas veces. En su nueva obra aporta 75 inspiradoras visiones para ampliar el horizonte de posibilidades de los lectores.